Seelengeflüster

Die Botschaften Deines Körpers

Julia Cannon

Für die Genehmigung, Serialisierung, Verdichtung, Anpassung oder für unseren Katalog anderer Veröffentlichungen wenden Sie sich bitte an Ozark Mountain Publishing, Inc., P.O. Feld 754, Huntsville, AR 72740, ATTN: Genehmigunsabteilung.

Bibliothek des Kongresses Katalogisierung-in-Publikationsdaten
Cannon, Julia, 1957-
Seelengeflüster – Die Botschaften Deines Körpers, von Julia Cannon
    Verstehe die geheime Art und Weise, wie dein Körper Botschaften von deiner Seele, durch Schmerzen und Krankheiten, an dich übermittelt.

1. Höheres Ich 2. Seele 3. Heilung 4. Körpersprache
I. Cannon, Julia, 1957 II. Heilung III. Metaphysik IV. Titel

Katalognummer der Kongressbibliothek: 2021936580
ISBN: 978-1-950608-38-6

Titelbild und Layout: Travis Garrison
Buch gesetzt in: Times New Roman
Buchgestaltung: Nancy Vernon
Veröffentlicht von:

Postfach 754
Huntsville, AR 72740

WWW.OZARKMT.COM
Gedruckt in den Vereinigten Staaten von Amerika

Solange du deine eigenen Fähigkeiten nutzt, ist dir nichts zu viel.
Nichts ist unbegrenzt - alles ist möglich.

Es geht nur darum, wie sehr man bereit ist daran zu glauben.

Das höhere Selbst.

Danksagungen

So viele Menschen haben auf so viele verschiedene Arten zu diesem Buch beigetragen. Es wurde nicht nur allein von mir geschrieben. Ich musste eine völlig andere Rolle übernehmen, um dieses Unterfangen zu erreichen. Normalerweise bin ich die Person, die unterstützt, ermutigt und nach Bedarf als Motivator agiert. Diesmal aber brauchte ich für mein Buch, Unterstützung, Ermutigung und meine Cheerleader.

Ich bin meinem höheren Selbst sehr dankbar, dass es mich ständig daran erinnert hat, wie wichtig es ist, diese Informationen weiterzugeben und zu veröffentlichen. Letztendlich wusste es, wo meine Motivation lag, um ein Buch, wie dieses, zu veröffentlichen.

Insbesondere meiner Mutter bin ich voller Dankbarkeit für ihren Segen, ihre Hilfe und ihren Beitrag, so konnte ich diese Aufgabe erfolgreich meistern. Ihre bahnbrechende und wegweisende Arbeit hat mir den Weg dafür geebnet. Zusammen sind wir ein großartiges Team, egal wie sehr ich mich dem manchmal widersetze.

Großen Dank an Vitaly, du warst mein Stein in der Brandung, als ich eine Schulter zum Weinen oder auch zum Anlehnen brauchte. Ich bin dir auf ewig von Dank erfüllt. Das sind der Stellenwert und die Wichtigkeit eines Partners.

Danke Tiffany! Du bist die beste Tochter der Welt. Ich bin so froh, dass du mich als deine Mutter auserwählt hast.

Meinem Support-System - Kristy, Nancy, Sara, Shonda – bin ich ebenfalls sehr verbunden, dass ihr mir dabei geholfen habt, den für das Schreiben erforderlichen Platz zu schaffen. Und Martyn, der mir mit seinem Forschungsmaterial geholfen hat!

Danke, James, für Deine seltsame Art der Motivation. Ich denke es hat funktioniert!

Ein letztes Dankeschön an alle Cheerleader auf dem Weg zum Ziel - Ihr habt keine Ahnung, wie wertvoll es für mich war, eure ermutigenden Worte zu erhalten.

Inhaltsangabe

Prolog

Du wirst in diesem Buch erkennen, dass wir viel mehr sind, als nur ein Körper aus Fleisch und Blut, den wir der Welt präsentieren. Unsere Körper sind großartige Maschinen. Wir haben uns dazu entschieden, für eine beliebige Zeit dort zu verweilen. Wir wählten unsere Körper für diese Erfahrung, die wir unser Leben nennen. Diese Maschinen sind so konzipiert, dass sie einwandfrei und ohne Schmerzen oder Krankheiten funktionieren können, wenn wir sie nur lassen. Sie sind zweifellos in der Lage, sich selbst zu heilen. Wenn unsere Körper also dafür konzipiert sind nie krank zu werden, warum gibt es dann so viele Krankheiten und gesundheitliche Beschwerden? Warum haben so viele von uns ständig Schmerzen und fühlen Unbehagen? Könnte es sein, dass da noch viel mehr ist, als man auf den ersten Blick erkennen kann? Wir fangen gerade erst an, unsere wahren Rollen in unseren Körpern und auf diesem Planeten zu entdecken. Wenn du mit meiner Denkweise, die ich hier darlegen werde, nicht im Einklang bist, dann ist das völlig in Ordnung. Du musst nicht völlig einer Meinung mit mir sein, denn ein Jeder hat das Recht, auf seine eigene Wahrheit und sein eigenes Verständnis. Ich möchte dich dazu ermutigen, die Informationen in meinem Buch zu lesen, um für dich selbst zu entscheiden, ob dies mit dir einher geht oder nicht.

Die Informationen, die ich hier weitergebe, basieren sowohl auf der Arbeit meiner Mutter, Dolores Cannon, und ihren unzähligen Klienten, mit denen sie in ihrer über 40-jährigen Karriere zusammen gearbeitet hat, als auch auf meinen eigenen intuitiven Einsichten und Anleitungen. Wenn man die Botschaften seines Körpers versteht, wird jeder Mensch transparent. Wir tragen unsere Belange buchstäblich „nach außen". Du wirst in diesem Buch erfahren, was genau ich eigentlich damit meine.

i

Seit mehreren Jahren werde ich von meinem höheren Selbst dazu angeleitet, dieses Buch zu schreiben, aber aus vielen Gründen heraus, zögerte ich. Eine dieser Gründe, die mich zurückhielten war, dass es alle diese wunderbaren Bücher zu diesem Thema gibt. Das kann ziemlich einschüchternd sein. Mein Thema ist absolut kein neues Konzept. Louise Hay war eine der Ersten die schilderte, dass unser Körper unablässig Botschaften übermittelt. Wenn wir die Botschaften verstehen, können wir einen großen Einblick in die Probleme unseres eigenen Lebens gewinnen. Durch ihre Arbeit hat sie den Menschen gezeigt, wie sie dazu im Stande sind, Heilung in ihrem Leben zu erfahren, indem sie diese Botschaften erkennen, um ihre Situationen selbst zu meistern. Ich wurde auch an Annette Noontil verwiesen, die schrieb: „Der Körper ist das Barometer der Seele, also sei dein eigener Arzt" und Inna Segals „Die geheime Sprache des Körpers". Dies hier ist also kein neues Konzept. So ist vielleicht nachvollziehbar, warum ich zunächst gezögert habe, ein weiteres Buch zu diesem Thema zu veröffentlichen.

Die Anleitung, die ich stetig erhielt, war von aufdringlicher Beharrlichkeit. Ich fragte mich, was mein Buch zu bieten haben würde, was die anderen da draußen noch nicht enthielten. Mir wurde gesagt, dass es einen Prozess gibt, durch den wir imstande sind, mit uns selbst zu kommunizieren, damit wir verstehen, wo wir uns in unserer Entwicklung und Mission auf diesem Planeten befinden. Wir haben so viele Krankheiten, Beschwerden und Unbehagen, weil wir die Botschaften, die unser Körper sendet, nicht hören oder verstehen. Dieser Prozess, durch den wir diese Botschaften verstehen und darauf reagieren, in dem wir uns einbringen, ermöglicht es uns, unsere eigene „Heilung" durchzuführen. Darüber hinaus, erhalten wir Einblick in unsere eigene Entfaltung und entwickeln ein Verständnis darüber, wer wir wirklich sind. Eine der Botschaften, die du immer wieder von mir hören wirst, ist, dass wir uns an dem „Prozess" beteiligen müssen. Dies stellt kein Ressourcenbuch dar, das du dir ansehen kannst, um schnelle Antworten zu erhalten. Manche Kapitel zeigen auf, wie die verschiedenen Körperteile dazu neigen, die gleiche Art von Informationen auszusenden. Sie sollen dir zeigen, wie der Prozess abläuft, so dass du dich darauf einlassen kannst, um dein eigenes Verständnis zur Heilung zu entwickeln. Mir wurde gesagt, dass es sehr wichtig ist, dass wir aufhören nach Antworten zu suchen. Hör auf, nach jemandem oder etwas anderem zu suchen, um dich zu „reparieren". In uns allen befinden sich bereits die Antworten und ich werde versuchen dir zu zeigen, wie dies für dich Realität werden kann. Ich werde dir auch zeigen, wie du dich mit diesem Körperteil verbindest, um seine Botschaften klar zu hören und sie zu interpretieren.

In uns allen steckt Großartigkeit und es ist meine Mission, uns alle daran zu erinnern.

Ein anderer Aspekt, der mich zurückhielt, war der Gedanke, dass meine Mutter sehr lange Zeit für diese Informationen, an die sie gelangt war, gearbeitet hatte und ich mich fast schuldig fühlte, dass ich nun die Botschaften erhalten sollte, um dieses Buch zu schreiben. Es war eine riesige Entdeckung, als sie ein Muster fand, das bei ihren Klienten immer wieder auf die Bedeutung verschiedener Beschwerden und Krankheiten hindeutete. Ich hatte auch das Gefühl, dass ich nicht genug dazu beigetragen habe, um die Informationen so zu erhalten, wie ich es tue. Ich habe jetzt jedoch erkannt, dass die Dinge anders liegen und diese Gedanken aus einem alten Gedankenmuster stammen. Da die Zeit rennt und wir mehrere Dimensionen gleichzeitig durchqueren, wäre es schwierig, mich dazu zu veranlassen, alles zu tun, was in dieser Arbeit absolute Geduld erfordert. Ich erinnere mich, als meine Mutter nach Hause kam und mir von verschiedenen Szenarien und Hinweisen ihrer Klienten erzählte. Es fesselte mich, wie „sie" wissen konnten, was mit einer Person vor sich ging, ohne dass sie ihnen etwas sagen würde, außer den bestehenden Schmerzen und Symptomen. Es hat mehrere Jahre gedauert, bis ich diese Worte zu Papier brachte, aber jetzt akzeptiere ich endlich meine Aufgabe auf diesem faszinierenden Weg. Viele fragen sich vielleicht, warum man trotz des Wissens, dass etwas Bestimmtes zu tun ist, nur ungern dieser Führung folgt. Wie du wahrscheinlich in diesem Buch unschwer erkennen wirst, bin ich ein sehr sturer Mensch und es gefällt mir nicht, wenn mir gesagt wird, was zu tun ist (das ist schwer für mich zuzugeben, aber es stimmt!). Selbst wenn es Anordnungen von ganz oben gibt, werde ich es wahrscheinlich ablehnen, wenn ich das Gefühl habe, dass ich gestoßen werde oder es nicht meine Idee oder meine bewusste Entscheidung ist. Selbst wenn man sich der eigenen Entwicklung bewusst ist, kann man trotzdem resistent sein.

Ich hoffe, du liest dieses Buch mit einem aufgeschlossen Herzen und lässt zu, dass deine Wahrheit zu dir kommt. Während du die Prozesse durchläufst, wirst du sehen, wie groß und mächtig du eigentlich bist, und ich möchte, dass jeder von euch sieht, wie einfach und tiefgreifend es ist, deine eigene Heilung zu finden und zu sehen welche Kraft und Einzigartigkeit in dir steckt.

Kapitel 1

Botschaften

Bis diese Arbeit vollendet war, hat es eine ganze Weile gedauert. Wenn etwas in deinem Leben entsteht und seine Wurzeln in allem hat, was du getan hast, kannst du mit Sicherheit sagen, es ist ein Produkt deiner Lebenserfahrungen. Ich war eine Navy-Göre (Begriff für ein im Militärumfeld aufgewachsenes Kind), wir zogen alle zwei Jahre um, da mein Vater an wechselnden Militärstandorten stationiert war, um seinen Arbeitsverpflichtungen nachzukommen.

Gleichwohl wir der baptistischen Glaubensgemeinschaft angehören und jeden Sonntag in die Kirche gegangen sind, wurden wir auch dazu erzogen, aufgeschlossen zu sein und Fragen zu stellen. Ich glaube, ich interessierte mich schon immer für ungewöhnliche und ungesehene Dinge. Mit dieser offenen Denkweise bin ich einen großen Teil meines Lebens aufgewachsen, so dass es für mich nichts Ungewöhnliches ist. Stetig haben wir unseren Horizont erweitert, und bis heute ist das nicht anders.

Ich kann mich nicht erinnern, wann es begann, dass ich Botschaften hörbar empfangen konnte. Es kam allmählich und sehr subtil, zunächst war es eher ein Gefühl der Ahnung. Ich erinnere mich an mehrere Situationen, in denen ich über eine Frage oder Situation nachdachte, während ich mit meinem Auto fuhr, und plötzlich eine Art Ruf von der Rückbank meines Autos vernahm. Ich erinnere mich, dass ich mich, in der Erwartung jemanden dort zu sehen, umdrehte. Zu meiner Verwunderung war jedoch niemand da. Als es wiederum passierte wurde mir allmählich bewusst, dass es jemand oder etwas war, das versuchte mit mir zu kommunizieren. Ich wollte also herauszufinden, was das ist. Aus meiner Erinnerung heraus kann ich nicht sagen, ob sich daraus irgendetwas entwickelt hat, aber ich denke, hierbei war der entscheidende Punkt, dass ich die Kommunikation bestätigte, weil sich zu diesem Zeitpunkt etwas zu öffnen schien.

Viele Leute berichteten mir, diese Art der Kommunikation ebenso erlebt zu haben, entweder vom Rücksitz ihres Autos, oder von irgendwo hinter ihnen. Ich glaube, möglicherweise ist dies das erste Durchdringen des sogenannten Schleiers, jedoch sind wir es einfach nicht gewohnt zu „hören". „Sie" reden ständig mit uns, aber wir nehmen es nicht wahr. Sobald der Schleier durchdrungen ist und wir diese innere Stimme wahrnehmen können, ist es als sehr subtiler Ton oder als „Wissen" da. Ich bin mir sicher, dass die meisten Menschen diese Stimme vernehmen, aber weil sie so feinsinnig ist denken sie, dass es ihre eigenen Gedanken sind. Du wirst feststellen, dass wenn du eine Frage stellst, du auch eine Antwort bekommen wirst. Die meisten von uns nehmen wahrscheinlich an, dass es unser eigener plappernder Verstand ist, also erachten wir es als nicht relevant oder nicht korrekt. Es fällt uns schwer zu glauben, dass wir die Antworten tatsächlich im Innersten haben könnten. Ich werde dir in den nächsten Kapiteln zeigen, wie du an deine eigenen Antworten herankommst. Das Einzige was wichtig ist, ist der Glaube und das Vertrauen in dich selbst.

Anfangs erhielt ich sehr einfache Antworten, wenn ich eine Frage stellte, meistens bestand die Antwort in einem Wort. Als die immer wachsame Person, die ich war, beschloss ich herauszufinden, was ich da eigentlich hörte. Dieser Schritt ist ganz normal bei der Entwicklung dieser Fähigkeiten, wie ich feststellte. Es hilft, denke ich, uns selbst zu erkennen und sich bewusst zu werden, welche Antworten unsere eigenen Gedanken sind oder unsere innere Stimme. Ich fragte „sie" oder mit wem auch immer ich sprach, wie ich unterscheiden kann, ob „sie" es sind oder nur ich und mein Wunschdenken. Einige der Dinge, die ich hörte, waren sehr liebevoll und motivierend, Dinge, die ich auf jeden Fall gerne als meine Realität wahrnehmen würde. Die Kernaussage war: „Wenn wir es sind, sind wir direkt hinter deinem rechten Ohr. Und wenn es deine eigenen Gedanken sind, empfängst du sie oben links in deinem Kopf." Nun, das ist sicherlich nicht bei allen der Fall, so jedoch erhalte ich meine Antworten und kann sie dann voneinander unterscheiden. Dies hilft mir, sie für mich selbst zu erkennen und einzuordnen. Ich glaube, dass dieses Wissen und dieser Zugang von Bedeutung sind, um uns weiterzuentwickeln.

Mir fiel ein weiteres Phänomen auf, nach Erhalt einer Botschaft erhielt ich innerhalb von 24 Stunden drei verschiedene Bestätigungen. Diese Bestätigungen kamen beispielsweise in Form von jemandem, der mir „zufällig" über den Weg läuft und wortwörtlich wiederholte, was ich gehört hatte. Oder ich hörte es im Radio, sah es auf einem Plakat, im Fernsehen oder in einem Buch, dessen Seite ich gerade zufällig öffnete. Ich glaube es bestärkt uns, wenn wir tatsächlich realisieren, was wir meinten gehört zu haben. Dieser Prozess des Bestätigens und Erhaltens einer Bestätigung der Botschaften hilft, das Vertrauen in unsere eigene Führung aufzubauen und öffnet den Kommunikationskanal weiter. Ich brauche die Bestätigung nicht mehr, aber sie kommt immer noch. Ich bedanke mich jedes Mal und staune immer wieder darüber, wie es funktioniert.

Während sich der Schleier der Vergesslichkeit lichtet, entdecken wir, welche Fähigkeiten in uns schlummern. Ich sehe Bilder (Bilder vor meinem geistigen Auge), höre Botschaften, fühle Energie und weiß es. Dies sind nur einige der vielen Möglichkeiten, Informationen zu erhalten. Ich bin nichts Besonderes - das kann jeder. Ich bin fest davon überzeugt, dass jeder von euch diese Fähigkeiten hervorbringen kann. Wenn es dir schwer fällt zu glauben, dass auch dir das möglich ist, könnte es entweder daran liegen, dass du bestimmte Erwartungen hast wie etwas sein soll, oder du meinst, dass Fähigkeiten dich anders oder besonders machen. Jeder erhält Informationen auf seine eigene Art und Weise. Nur weil jemand, den du kennst, in der Lage ist, Bilder zu sehen oder intuitiv zu „wissen", heißt das noch lange nicht, dass es für dich genauso abläuft. Lass sich deine Fähigkeiten auf ihre ganz eigene Art und Weise entwickeln. Kennst du die kleinen Erhebungen der Hautoberfläche, die du manchmal über deine Arme / Beine / Körper, mit dem damit verbundenen frösteln, bekommst nur zu gut? Es ist eine sehr erstaunliche und oft übersehene Fähigkeit; die „Gänsehaut". Ich habe die Erfahrung gemacht, wenn du eine „Gänsehaut" bekommst bedeutet dies, dass was du gerade gehört oder was du gerade gesagt hast, der Wahrheit entspricht.

„Sie" haben mir gesagt, dass diese Fähigkeiten unser natürliches Potenzial ist. Sie sind so natürlich wie der Atemreflex. Wenn du also atmen kannst, hast du wahrscheinlich auch Fähigkeiten, die entweder noch im Verborgenen liegen, schon an der Oberfläche sind oder kommen. Lass sie einfach durch. Es gibt nichts, wovor du Angst haben musst - du trittst damit in dein wahres Selbst ein.

Vor etwas mehr als zehn Jahren war ich mit meiner Karriere als Krankenpflegerin und Leiterin einer Agentur für häusliche Gesundheit sehr beschäftigt. Als ausgebildete Krankenschwester hatte ich mich über zwanzig Jahre auf Intensiv- und häusliche Krankenpflege spezialisiert. Immer wieder erhielt ich die Botschaft, ein Heilzentrum in Arkansas zu eröffnen. Ich dachte: „Warum sollte ich ein Heilzentrum in Arkansas eröffnen?" Mindestens viermal erhielt ich diese Botschaft. Zögernd begann ich, kleine Schritte in diese Richtung zu machen, aber dann gab ich alle Anstrengungen auf und zog mich in meine Komfortzone zurück. Ich hatte ein recht angenehmes Leben in der Krankenpflege und konnte nicht erkennen, weshalb ich mich daraus zurückziehen sollte und mich dann damit auch noch wohlfühlen konnte. Diese Botschaften kamen über einen Zeitraum von ein bis zwei Jahren. Ich habe sogar versucht, eine Art Gesundheitszentrum in Missouri aufzusuchen, dort wo ich damals lebte. Du siehst also, dass ich die Botschaften erhielt und versuchte, auf sie zu reagieren, aber ich tat es auf meine eigene Weise - auf eine Weise, die so aussah, dass ich mir nach der letzten Botschaft die Frage stellte: „Wie um alles in der Welt würde ich ein Heilzentrum in Arkansas errichten?" Ich denke, das war die magische Frage, denn sobald ich es gefragt hatte, stellte sich mein Leben völlig auf den Kopf. Es war, als würde das Universum sagen: „Wie? Ich zeige es dir!" Ich wurde aus diesem komfortablen Leben herausgeholt, das ich so gut aufgebaut und gekannt hatte. Hineingestoßen in mein neues Leben voller Unsicherheit und in einen Neuanfang. Ich hatte jeden Baustein meines vorherigen Lebens verloren. Meine materiellen Besitztümer waren verschwunden, die Karriere weg. Alles was ich kannte - all meine Annehmlichkeiten – hatten sich in Nichts aufgelöst. Übrig war meine Familie. Ich habe gelesen, dass dies manchmal passiert, damit man erkennt wer man wirklich ist. Du bist nicht ein Besitz oder eine Karriere oder eine Station im Leben. Du bist bis auf die Knochen nackt und das was übrig bleibt, das bist „du".

Dies war meine Erfahrung mit dem ätherischen oder universellen „Zwei-mal-Vier". Ich möchte sagen, dass ich mich eher wie eine Zehn-mal-Sechs fühlte. Anfangs war ich nervös und es hat ziemlich lange gedauert, bis ich endlich zugehört habe, denke ich. Ich trat und schrie und widerstand der Bewegung, die auf mich gerichtet war. Selbst jetzt widersetze ich mich diesem neuen Leben, während es sich weiter entfaltete. Ich finde das erstaunlich, da ich ein Leben habe, das vielen als beneidenswert erscheint, weil ich in der Lage bin, rund um die Uhr das zu leben, an das ich glaube. Die meisten Menschen versuchen sich anzupassen. Sie verbringen die meiste Zeit in ihrem Alltag mit Aktivitäten, die hektische Arbeitszeiten beinhalten, die sie mit Menschen, die sie nicht verstehen und die sie nicht mögen, zusammenbringt. Ich bin die ganze Zeit mit faszinierenden Menschen zusammen und in der Lage, die ganze Welt zu bereisen.

Wieder und wieder habe ich geprüft, warum ich mich noch immer widersetze. Ich glaube es liegt daran, dass der menschliche Teil von mir nicht gerne gesagt bekommt, was zu tun ist. Und egal wie wunderbar dieses gegenwärtige Leben ist, es ist nicht das, was ich bewusst gesucht habe. Sind wir nicht bisweilen töricht? Gib uns den Mond, aber wenn er nicht so ist, wie es den Anschein hat, sind wir nicht glücklich. Allmählich akzeptiere ich das Ganze als mein Leben. Zumal ich mittlerweile verstanden habe, wie die universelle Anleitung funktioniert.

Kapitel 2

Hypnose

Den größten Einfluss auf dieses Material hat meine Mutter Dolores Cannon. Um sich mit ihrer umfangreichen Arbeit vertraut zu machen, ist die Recherche im Internet nach ihr der beste Weg. Ich gebe hier ausschließlich den Teil ihrer Arbeit wieder, der dafür relevant ist, was ich hier in diesem Buch präsentiere.

Dolores ist Regressionstherapeutin und eine bahnbrechende Hypnotherapeutin, die diese Arbeit seit über 40 Jahren ausübt. Darüber hinaus ist sie eine mutige und wegweisende Frau, die keine Angst kennt und immer neugierig ist.

Mein Vater war 21 Jahre in der Marine und es fühlt sich so an, als ob wir immer auf Reisen gewesen wären, da wir alle zwei Jahre den Wohnort wechseln mussten. Ich bin der Meinung, dass dies wesentlich dazu beigetragen hat, dass wir sehr aufgeschlossen sind, da wir so vielen verschiedenen Umgebungen und Menschen ausgesetzt waren. Nie waren wir lange genug an einem Ort, um dauerhafte Beziehungen zu knüpfen. Die Tendenz war, schnell Freunde finden und zu lernen, wie man diese Menschen wieder zurücklässt. Wir wurden dazu erzogen, offen für andere Sichtweisen zu sein, und ich denke, das hat den Weg dafür geebnet, was in unserem Leben passiert ist. Ich weiß, es klingt klischeehaft, aber ich werde oft gefragt: „Wie war es, mit einer Mutter wie Dolores aufzuwachsen?" Dazu muss man indes verstehen, dass sie nicht immer das war, was man heute sieht. Wir waren eine einfache Militärfamilie, die sich im Leben behaupten musste.

Ursprünglich war mein Vater der Hypnotiseur und meine Mutter half ihm dabei. Es war zu einer Zeit, in den 1960er Jahren, als vergangene Leben und Metaphysik noch recht unbekannt waren. Sie unterstützten eine Frau, die mit Hilfe von Hypnose Gewicht verlieren wollte, indem sie ihr dazu verhalfen, sich zu entspannen, als sie dabei unvermittelt in ein vergangenes Leben eintrat. Schlussendlich führte dies zu einer unglaublichen Geschichte, in der nicht nur insgesamt fünf vergangene Leben durchlaufen worden sind, sondern gleichfalls wie und von wem sie erschaffen wurde. Das war damals ziemlich verblüffend und eröffnete ihnen völlig neue Denkweisen. Nachzulesen ist die vollständige Geschichte in Dolores Cannons Buch („Five Lives Remembered"; „Erinnerung an fünf Leben").

Im Laufe der Zeit wurde Dolores immer kompetenter in der Arbeit mit Menschen und entdeckte mit ihrer Methode zunehmend aufregendere Informationen in den Sitzungen und begab sich in immer neue Abenteuer. Bis zum jetzigen Zeitpunkt (2012) hat sie siebzehn Bücher geschrieben. Mehr als zwanzig Jahre arbeitete sie mit UFO-Entführten und als sie sich immer tiefer mit dem Thema beschäftigte, erhielt sie Informationen, die von höherer Natur waren. Durch ihre Rückführungsarbeit fand sie heraus, dass sie mit einer sehr hohen Informationsquelle kommunizierte. Bekannt wurde sie später als die „Quelle allen Wissens". Dolores Cannon stellte fest, dass diese Informationsquelle auch in der Lage ist, die Person, mit der sie arbeitete, sofort zu heilen, wenn dies angemessen war. Während der Arbeit mit dieser höheren Kraft wurde ihr gesagt, wie der Körper Schmerzen, Beschwerden und Krankheiten verwendet, um Botschaften an diese Person zu übermitteln. Das lege ich hier in diesem Buch offen.

Zunehmend erhielt ich Botschaften zum verfassen dieses Buches, während ich Dolores Cannon half, ihre Hypnose-Klassen (Quantum Healing Hypnosis Therapy oder QHHT) zu unterrichten. Ich arbeitete in aller Regel im hinteren Teil des Raumes und erhielt während der QHHT Sitzungen unentwegt Impulse, all diese Informationen, über die Botschaften des Körpers, in einem Buch zusammenzutragen. Zuerst fühlte ich mich gedemütigt und eingeschüchtert, da dies nicht meine Entdeckung war. Wie würde sich Dolores fühlen, wenn ich ihre Arbeit nutzen würde. Ich dachte, wir sollten vielleicht zusammenarbeiten, damit nicht verwechselt werden kann, woher welche Informationen stammen. Ich fragte sie danach und sie erklärte mir, dass es meine Aufgabe sei das Buch zu schreiben, da sie schon mehrere andere Bücher hatte, an denen sie arbeitete. Sie sicherte mir dabei ihre volle Unterstützung zu und ich erhielt weiterhin Informationen aus den Sitzungen, die ich in die zahlreichen Beispiele einbeziehen konnte, niedergeschrieben in diesem Buch.

Ich werde den Begriff Sitzung in diesem Buch verwenden. Dies bezieht sich dann auf eine private Hypnosesitzung, in der Dolores Cannon einen Klienten hypnotisiert. Hypnose ist ein tiefer Entspannungszustand, in dem der Klient auf Informationen in verschiedenen Wahrnehmungsformen zugreifen kann. Die gebräuchlichste Art Informationen zu erhalten, ist die Visualisierung. Manche Menschen können jedoch nur durch „Wahrnehmung ihrer Umgebung" oder durch „Wissen" sagen, was passiert. Ich möchte, dass du das weißt, weil so viele Menschen zu einer Sitzung kommen und erwarten, dass ihre Sitzung genauso abläuft, wie in den Büchern von Dolores beschrieben. Diese Erwartungen basieren auf vorgefassten Vorstellungen oder Informationen, die sie möglicherweise in Dolores Cannons Büchern vor ihren Sitzungen gelesen haben.

Durch diesen Vorgang der Hypnose kann der Klient verschiedene Zeiten / Orte visualisieren - was auch immer von ihrer eigenen höheren Kraft als angemessen und notwendig erachtet wird. Informationen aus diesen verschiedenen Zeiten / Orten können sehr hilfreich sein, um einen Einblick in die gegenwärtige Lebenssituationen zu erhalten.

Kapitel 3

Wer Wir Wirklich Sind

Um zu verstehen, wie du diese Heilung bewirken kannst, musst du zuerst verstehen, wer du wirklich bist. Du bist nicht nur Fleisch und Blut. Du hast einen Körper aus Fleisch und Blut, aber er ist mit etwas viel Größerem verbunden. Du hast wahrscheinlich schon den Satz gehört: „Du bist kein Körper, du hast einen Körper". Dein Körper ist der Anzug, den du dir für diese irdische Erfahrung gewählt hast. Jetzt, bevor es dich in Aufregung versetzt, stellst du fest, dass du dich aus einem bestimmten Grund für dein Leben entschieden hast. Für Dinge, die du lernen wolltest. Wenn wir hierher kommen, kommen wir mit der Absicht zu lernen und zu erfahren – und zwar alles! Auf diese Weise können wir wachsen und uns entwickeln. Ohne jetzt kompliziert zu werden, stelle dir einfach vor, wir haben eine Seele die beschlossen hat, auf diese Ebene zu kommen und Erfahrungen als Mensch zu sammeln. Diese Erdebene hat Regeln, genauso wie ein Spiel Regeln hat. Um dieses Spiel auf Erden zu spielen, ist eine der Regeln, die Regeln nicht zu kennen. Spiele das Spiel im Dunkeln mit einem Schleier über den Augen. Das macht das Spiel schwieriger - und macht Spaß (denke ich). Zurück zu dem, was ich über „einen Körper haben, kein Körper sein" gesagt habe. Wir beginnen als Seele.

Ich habe erfahren, dass dieses Universum eines der herausforderndsten aller Universen ist, in dem man leben kann. Und die Erde der herausforderndste Planet aller Planeten in diesem Universum, auf dem man leben kann. Um diesen Planeten betreten zu dürfen, musst du ein Meister der Manifeste sein. Dies ist die einzige Art von Seele, die möglicherweise mit dem umgehen kann, was auf diesem Planeten (diesem Spielbrett) geschieht. Das ist kein Zufall, es ist alles so gewollt. Irgendwelche „Gamer" da draußen? Kennst du Leute, die gerne Spiele spielen, besonders Computerspiele? Die Spiele haben verschiedene Level. Auf jedem Level gibt es alle Arten von Herausforderungen, die deine Fähigkeiten verbessern, um Hindernisse zu umgehen. Was machst du, wenn du ein Level abgeschlossen hast? Du bewegst dich auf die nächste Ebene, nicht wahr? Und dieses Level ist etwas schwieriger und komplizierter mit immer neuen Herausforderungen. Und was machst du, wenn du dieses Level abgeschlossen hast? Du wechselst in das nächste Level, das wieder anspruchsvoller ist. Okay, nehmen wir an, du hast jetzt das gesamte Spiel abgeschlossen. Großartig, du bist der Meister dieses Spiels!! Was jetzt? Du wechselst zu einem anderen Spiel. Wahrscheinlich, weil du ein Meister im Spielen bist, wirst du eines auswählen, das herausfordernder ist, weil du deine Fähigkeiten weiter verbessern möchtest und es nicht langweilig wird. Wenn du dieses Spiel dann beendet hast, wechselst du zu einem anderen noch herausfordernden Spiel. Okay - nehmen wir an, du fährst fort und hast jetzt ALLE Spiele da draußen abgeschlossen. Was machst du nun? Ein Spiel selbst erstellen? Wie würdest du es dann gestalten? Beginnst du vielleicht mit einer Umgebung, die sehr schwer und dicht ist und es sehr schwierig macht, sich darin zu bewegen? Wir sind es gewohnt, leicht wie Luft zu sein und aus einer Laune heraus zu fliegen und zu kreieren. Dieses dichte Medium wäre doch wie der Versuch, sich im Dreck und Sumpf von Treibsand zu bewegen.

Bevor ich ein neues Spiel beginne, möchte ich zuerst die Regeln kennen. Wie spiele ich dieses Spiel? Nehmen wir an, in diesem Spiel, das wir entwerfen, gibt es keine Regeln. Jeder macht was er will (freier Wille). Und um es wirklich aufregend zu machen, lassen wir es uns so machen, dass jeder vergisst, dass: 1. dies ein Spiel ist; 2. wer wir wirklich sind; und 3. wir dieses Spiel entworfen haben. Der Schleier der Vergesslichkeit wird über unsere Augen gezogen, wenn wir diesen Planeten betreten. Wir vergessen, wer wir sind und unsere Verbindung zu allem.

Nur Meister der Kreation würden oder könnten so etwas tun!! Wir sind großartige und mächtige Wesen, die hierhergekommen sind, um bedeutungsvolle, lernende und herausfordernde Erfahrungen zu machen. All dies wird unsere Fähigkeiten und Fertigkeiten für noch größere Dinge verbessern, die wir erreichen möchten. Da wir uns nicht daran erinnern, wer oder was wir sind, haben wir ein Kommunikationssystem geschaffen, das uns auf diesem Weg hilft und uns mitteilt, in welche Richtung wir gehen sollen und weshalb wir eigentlich hier sind. Dieses Kommunikationssystem funktioniert immer, aber wir wissen nicht wirklich, wie wir die Botschaften interpretieren sollen.

Dolores Cannon (meine Mutter) unterrichtet ihre Hypnosemethode auf der ganzen Welt, und ich bin in der Regel mit ihr im Klassenzimmer, um sie bei Bedarf zu unterstützen. Während eines Kurses in Sydney, Australien, diskutierte der Kurs diese Quelle allen Wissens, das Quantenfeld, das Dolores Cannon kontaktiert, wenn sie die Person in Trance versetzt hat und sie alle diese tiefe Weisheit teilen. Dolores Cannon nennt diesen Teil das „Unterbewusstsein", einfach weil sie nicht wusste, wie sie es sonst nennen sollte. Nicht das Unterbewusstsein auf das sich Psychiater beziehen, also der kindliche Teil des Geistes, der zugänglich während der Hypnose ist, um zum Beispiel Gewohnheiten zu ändern. Dieser Teil, den Dolores Cannon entdeckt hat, wurde von anderen als Überseele, höheres Selbst oder universelles Bewusstsein bezeichnet. In der Klasse gab es viele Diskussionen darüber, wer und was dies ist. Ich war im hinteren Teil des Raumes und arbeitete, wie ich es üblicherweise handhabe, als ich plötzlich ein Bild von dem bekam, was all das ist. Ich dachte: „Oh, das ist cool!" Und dann hörte ich eine Stimme flüstern: „Zeichne es." Ich sagte: „Oh, das ist in Ordnung, ich habe es verstanden." Und ich hörte sie wieder, diesmal jedoch lauter: „ZEICHNE ES!"

Wenn jemals einer von euch angeschrien wurde, weiß er wovon ich spreche. Diese Stimme wird bei Bedarf auch schreien. Vor allem für diejenigen von uns, die wirklich hart im Nehmen sein können!! Die nachfolgenden Zeichnungen zeigen dir, was ich damit meine.

Ich habe exakt das gezeichnet, was mir gezeigt wurde und festgestellt, dass ich es nicht so verstanden habe, wie ich zunächst dachte. In der Zeichnung zeigten „sie", dass ich einige subtile, aber sehr wichtige Änderungen vorgenommen hatte, die den Unterschied im Verständnis des Prinzips ausmachten. Als die Klasse eine Pause machte, zeigte ich jemandem neben mir, was mir gegeben worden war. Während ich es erklärte, kam jemand aus dem Nebenraum

11

angerannt und sagte: „Das ist die Antwort, die ich bekommen wollte!"
Nach der Pause erstellte ich die Zeichnung für die gesamte Klasse
erneut. Anschließend passierte eine weitere interessante Sache. Die
Studenten stellten Fragen - Fragen, die mir nie in den Sinn gekommen
wären. Sie taten das und es entwickelte sich nicht nur die Zeichnung,
auch die Antworten erschienen vor mir.

Während Menschen Fragen stellten, entwickelte sich die
Zeichnung weiter. Fragen sind sehr wichtig. Diese Zeichnungen habe
ich weiter unten dargestellt, zwar begrenzt, aber ich habe versucht,
diese Informationen so gut wie möglich zu vermitteln.

Aufgrund der begrenzten Natur des Mediums werden die Dinge
unverhältnismäßig sein, aber verwende einfach deine
Vorstellungskraft und ich denke, du wirst es verstehen.

Das ist, was du denkst, was du bist: ein Körper.

Das ist, was du wirklich bist.

12

Ich nenne es das: „große Ich" und das „kleine Ich". Du bist riesig! Nur ein winziges Stück von dem was du wirklich bist, kommt in diese physische Manifestation, die du deinen Körper nennst, um diese Lebenserfahrung zu machen. Der Rest ist außerhalb von Dir.

Hier ist eine Person in deiner Familie. Hier ist ihr "kleines Ich."

Und ihr "großes Ich."

Hier ist noch eine Person.

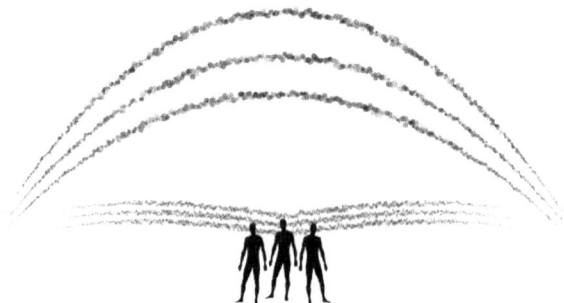

Was siehst du? Was passiert hier?

Die „großen Ichs" überschneiden sich. Vielleicht sind sie miteinander „verbunden"? Wo hast du das schon einmal gehört?

Ganz oben in dem folgenden Bild ist der Teil, den ich atmen sehe. Deshalb zeichne ich es als eine Wellenlinie. Dies ist „Gott" oder die „Quelle".

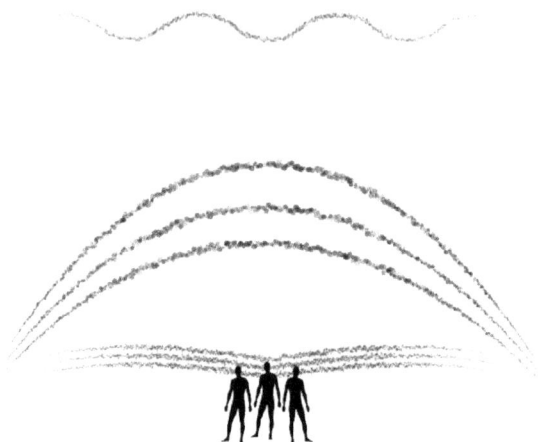

Das „große Ich" verschmilzt mit der „Quelle". Was bedeutet das?

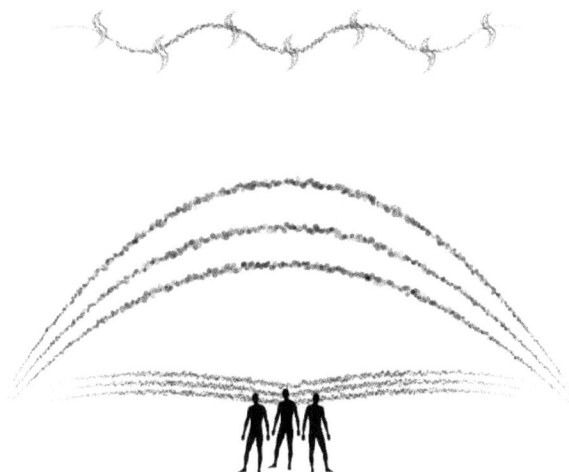

Das „große Ich" verschmilzt mit dem Quantenfeld oder der Quelle, was darauf hinweist, dass auch das Gott ist. Wenn das „große Ich" das ist, wer wir wirklich sind und es mit Gott verschmilzt, dann sind wir Gott. Deshalb erscheint es für mich als eine wahre Aussage.

Gibt es Einschränkungen für Gott? Ist Gott in irgendeiner Weise eingeschränkt? Ich hoffe, du hast nein gesagt, da dieser Teil unbegrenzt ist und alles kann. Wenn wir Gott sind und Gott unbegrenzt ist und alles kann, dann sind wir unbegrenzt! Wir sind große und mächtige Wesen - wir haben es einfach vergessen. Es gibt mehr zu dieser Zeichnung zu erzählen, die ich teile, wenn ich einen Vortrag halte. Die hier gegebenen Informationen werden für den Zweck dieses Buches ausreichen.

Wir sind hierhergekommen, um wundervolle Erfahrungen mit dem Produzieren von Fähigkeiten zu sammeln. Wir sind mit den Scheuklappen des Schleiers angereist, damit wir die zusätzliche Herausforderung haben, nicht zu wissen, warum wir hier sind und was wir tun. Dolores Cannon hat „sie" gefragt, warum wir unsere Verbindungen zu anderen Menschen und unsere Pläne nicht kennen, während wir hier in diesem Leben sind. Ihre Antwort war: „Es wäre kein Test, wenn du die Antworten schon wüsstest."

Kapitel 4

Übersetzungshandbuch

Wie ich im vorigen Kapitel beschrieben habe, sind wir viel größer, als wir uns jemals vorstellen können, aber wir haben vergessen, wer und was wir sind. Wir kommen mit einem Plan hierher, was wir erreichen und erleben wollen, mit wem wir uns aus verschiedenen Gründen treffen und zusammenarbeiten werden. Weil wir das alles vergessen, versuchen wir, uns Botschaften zu geben, um uns in die Richtung zu lenken, in die wir gehen möchten. Es kann sich wie ein Minenfeld anfühlen, wenn wir durch unser Leben gehen und aus verschiedenen Richtungen von allen möglichen Lebenserfahrungen getroffen werden. Hoffentlich nutzen wir all diese Erfahrungen und wachsen damit.

Man kann dies auch als ein Leitsystem oder ein „Zielsuchgerät" betrachten, das einem ständig Signale oder „Pings" übermittelt, damit man weiß, welchen Weg man als Nächstes einschlagen muss. Ich denke, es ist sehr hilfreich sich zurückzuziehen und sich, anhand dieses Leitsystem, seine eigene Situation oder sein Leben auf völlig objektive Weise zu betrachten. Es ist tatsächlich sehr wichtig und natürlich viel einfacher, die Botschaften zuzustellen, wenn man sich von den Umständen entfernt, um diese objektive Sicht zu bewahren.

Wir sind in dieses Leben gekommen, und wir wussten, dass wir uns nicht daran erinnern werden, wer wir sind und warum wir hier sind, aber wir sind letztendlich immer mit unserem wahren Selbst verbunden, wie ich im letzten Kapitel beschrieben habe.

Da es unser Ziel auf diesem „Spielplan" der Erde ist, das zu tun, wozu wir hierhergekommen sind, und uns dabei zu erinnern, wer wir sind, haben wir einen Weg gefunden, um uns selbst Botschaften zu übermitteln. Wir könnten eigentlich gleich mit diesem „großen Ich" sprechen, aber das ist schwer zu glauben und die meisten von uns bestreiten, dass wir diese Fähigkeit haben. Wenn wir nicht glauben, dass wir eine Fähigkeit haben, dann existiert sie in unserer Realität nicht. Wenn wir also nicht wissen, dass wir mit einem Teil von uns, der „alles weiß", sprechen und Antworten erhalten können, wie sollen uns dann diese Botschaften zuteil werden?

Was würdest du tun, wenn du versuchst, mit jemandem zu sprechen, der dich einfach nicht hört? Zuerst könntest du versuchen, immer lauter zu sprechen. Dann könntest du Handzeichen oder eine andere Art von Gebärdensprache ausprobieren. Als nächstes könntest du versuchen, Botschaften zu schreiben. Betrachtet man dies auf ähnliche Weise, so hat man verschiedene Möglichkeiten, Botschaften an sich selbst zu senden. Sprechen ist immer die erste Option. Dies ist der einfachste und direkteste Weg, eine Botschaft zu übermitteln, solange die Botschaft auch verstanden wird. Wenn wir noch nicht zuhören, ist der nächste empfehlenswerte Weg eine Botschaft zu übermitteln der Mechanismus, mit dem wir uns jede Sekunde, jede Minute eines jeden Tages befassen - unser Körper. Der Körper ist ein wunderbarer Bote!

Der Körper kommuniziert die ganze Zeit mit dir. Er liebt es, sich mit dir auszutauschen. In deinem Körper befindet sich ein ganzes Universum - ein Universum, das sich aus Organen, Geweben und Zellen zusammensetzt. Wenn du zu ihm sprichst, bist du die Stimme Gottes. Der Körper weiß jetzt, dass das was er tut, erkannt wird und kann in Harmonie mit dir arbeiten. Eine Praktizierende der QHHT Methode inspirierte dieses Konzept, und sie wagte ein Experiment, um dies sogleich selbst zu erfahren. Ihre bemerkenswerten Ergebnisse veröffentlichte sie im QHHT Erfahrungsaustausch-Forum. Es ein wunderbares Beispiel dafür, wie wir dazu befähigt sind mit unserem Körper zu kommunizieren. Sie schrieb das Folgende:

„Jeden Winter bekomme ich eine schlimme Grippe oder zumindest eine Erkältung. Meine Symptome sind Schüttelfrost, kalte Füße, leichtes Fieber und eine verstopfte Nase mit viel tropfendem Schleim, die mindestens drei Wochen anhalten. Dieses Wochenende kehrten wir aus Oregon zurück und ich hatte das Gefühl, dass die Symptome stark zunahmen. Am nächsten Tag entschied ich mich zu prüfen, ob ich verhindern kann, dass die Grippe meinen ganzen Körper vereinnahmt.

Ich sagte zu mir selbst: „Achtung Bakterien und Viren in meinem Körper, das bin ich, der zu euch spricht, und ich möchte euch wissen lassen, wie sehr ihr geliebt werdet und wie dankbar ich dafür bin, dass ihr mir beibringt, wie ich mich selbst heilen kann. Ihr habt euren Job nun gemacht, und ich werde euch jetzt mit viel Liebe und Dankbarkeit freigeben. Ihr könnt jetzt zum Licht reisen und eure Reise fortsetzen." Ich stellte sie mir dann als winzige Farbflecken vor, die aus meinem Körper austraten und durch eine weiß goldene Lichttür flogen. Ich wiederholte dies zweimal und dann mehrmals im Laufe des Tages für einige Zeit. Es hat wirklich funktioniert, ich fühle mich wunderbar und außer kalten Füßen habe ich keine anderen Symptome entwickelt!"

Ich bin mir sicher, dass da mehr ist, als wir uns derzeit überhaupt vorstellen können. Mir wurde oft gesagt, dass wir nur einen kleinen Teil der Oberfläche ankratzen. Ich denke, wenn wir dies erst einmal begriffen und verstanden haben, werden wir ein noch umfassenderes Konzept über uns selbst erhalten, das wir dann auch verstehen und anwenden können. Wir fangen mit Babyschritten an und entwickeln uns stetig weiter. Dies ist kein Wettbewerb, um zu sehen wer am schnellsten ist - wir sind hier, um zu lernen wie es funktioniert. Wir kommen mit einem Plan oder einer Mission, bestimmte Dinge zu tun und zu erleben. Das scheint eine einfache Sache zu sein, aber wenn man sich nicht erinnert, warum man hier ist und was man eigentlich vorhatte, ist es so einfach abgelenkt zu werden und vom Kurs abzukommen. Der erste Schritt, um diese Reise weniger dramatisch und zielgerichteter zu gestalten, muss darin bestehen, auf deine eigene Stimme zu hören.

Stell dir vor, du befindest dich in einem Labyrinth mit sehr hohen Wänden, über die man nicht hinwegsehen kann. Du kannst dich durch das Labyrinth schlängeln, gegen Wände stoßen und an jeder Ecke in eine „Sackgassen" geraten. Du kannst jeden Winkel durchsuchen nach einem Ausweg und irgendwann wirst du wahrscheinlich den Weg finden, der heraus führt. Wenn du mal alle Möglichkeiten analysierst, die du bereits ausprobiert und den Prozess verstanden hast, findest du die Funktionsweise womöglich fantastisch! Leider sehen die meisten von uns unsere Situation nicht so, daher analysieren wir nicht unsere

Optionen und können nicht herauszufinden, welchen Weg wir kommen und welchen Weg wir gehen. Die meisten von uns sind in Emotionen und das Drama der Situationen verwickelt. Sie schauen nicht um die nächste Ecke und werden vom Labyrinth völlig verzehrt. Wir „vergessen" dann sogar, dass es ein Labyrinth ist. Nun, ich sage nicht, dass irgendetwas falsch läuft, wenn es lange dauert durch das Labyrinth zu kommen. Es dreht sich alles um Erfahrungen und wenn das die Erfahrung ist, die du haben wolltest, so sei es! Ich möchte nur, dass man sich darüber im Klaren ist, dass eine andere Option zur Verfügung steht. Eine andere Perspektive.

Nehmen wir einmal an, da ist jetzt jemand oberhalb dieses Labyrinths, der das gesamte Bild mit all seinen Sackgassen und Hindernissen überblickt. Diese Person kann dir Botschaften übermitteln, die dich durch das Labyrinth leiten, um sicherzustellen, dass du auch zum Ziel kommst. Wie schön wäre das? Es wäre wie eine Geheimwaffe! Ein eigenes privates Leitsystem, um dich durchzubringen! Die einzige Voraussetzung wäre in der Tat, dass du die Botschaften von dieser anderen Person auch empfängst. Wenn du sie nicht hören kannst, muss diese Person andere Möglichkeiten finden, um Botschaften an dich zu senden. Du bist in keiner Weise irgendwie beschränkt, wie du dies tun kannst. Du bist ebenfalls nicht darauf beschränkt, wie du um Hilfe bitten kannst. Wie auch immer du dich entscheidest, durch dein Labyrinth zu gehen, liegt ganz bei dir. Es gibt keinen richtigen oder falschen Weg dies zu tun. Es dreht sich alles um Erfahrungen. Einige mögen sich dafür entscheiden, auf die gegebenen Anweisungen zu hören und alles zu tun, was sie in diesem Leben vorhaben. Einige mögen sich dafür entscheiden, nicht zuzuhören und ziellos gegen alle Arten von Wänden und „Sackgassen" zu stoßen. Einige werden sich dafür entscheiden, in eine andere Richtung zu gehen als die, die ihnen gegeben wurde und glauben dabei, sie wissen es am besten. All dies wird zu unterschiedlichen Erfahrungen führen, so dass letztlich alle von ihnen in Ordnung sind. Ich bin hier, um dir aufzuzeigen, dass du dir jetzt bewusst aussuchen kannst, wie es für dich sein soll. Jetzt hast du keine Ausrede mehr zu sagen, dass du es nicht wüsstest. Du weißt jetzt (ob du es glaubst oder nicht), dass dir jemand von außen hilft. Du hast die Wahl, ob du zuhören und die Anweisungen befolgen möchtest.

Mir ist klar, dass die Botschaften verwirrend sein können. Wir haben ja kein Handbuch, um sie zu übersetzen. Wir wissen es auf einer anderen Ebene, aber bis uns gesagt wird, wie wir die Botschaften interpretieren können, bewegen wir uns praktisch im Dunkeln. Die verwendete Gebärdensprache ist in unserem Körper verankert. Wie ich bereits sagte, arbeiten wir mit diesem Mechanismus jede Minute des Tages, so dass dies das beste Gerät ist, um Botschaften zuzustellen, bis wir die Botschaften direkt hören. Die meisten dieser Botschaften sind so konstant, dass es leicht wird, sie als Sprache zu bezeichnen. Wenn man erst einmal verstanden hat wie es funktioniert, wird man die Schönheit und Einfachheit erkennen. Man muss nicht länger ziellos durch sein Leben streifen und sich fragen, welcher Weg am besten ist. Man erhält die Botschaften immer, nur hatte man bisher eben nicht die erforderlichen Informationen, um diese Botschaften zu übersetzen. Betrachte dieses Buch als ein Übersetzungshandbuch, bis du dein eigenes entdeckt hast, um dich in diesem Labyrinth, namens Leben, zurechtzufinden.

Kapitel 5

Emotionen

Emotionen sind die Indikatoren dafür, wo wir in Bezug auf unser Wachstum, mit verschiedenen Aspekten von uns selbst, stehen. Wenn man auf etwas sehr heftig reagiert, kannst du sicher sein, dass es sich um ein Thema handelt, das du genauer betrachten solltest. Die Welt um uns herum ist ein Spiegel, der uns zeigt, woran wir für unser persönliches und seelisches Wachstum arbeiten müssen. Die Stärken und Schwächen, die wir an unseren Mitmenschen bemerken, sind wahrscheinlich genau die Merkmale, die bei uns selbst zu finden sind, aber wir noch nicht erkannt haben. Mit diesem Spiegelungsmechanismus versuchen wir, die eigene Aufmerksamkeit auf uns zu lenken. Wenn du auf etwas reagierst, was jemand gesagt oder getan hat, frage dich: „Was soll mir das zeigen?"

Schaue genauer hin, um das Wertvolle in dieser Reaktion zu sehen. Es ist leicht, Angst vor unseren Emotionen zu haben, denn oft steckt hinter ihnen eine große Energieladung. Sie neigen dazu, eine unaufhaltsame und unkontrollierbare Kraft in uns anzuzeigen und sich so zu fühlen. Die Gefühle, aus denen wir am meisten lernen können sind: Zorn, Hass, Angst, Eifersucht, Ekel, Ungeduld, Scham, Stolz, Mitleid, Empörung, Neid, Sorge, Schuld. Diese werden oft als negative Emotionen bezeichnet, aber ich denke, das gibt ihnen einen weniger konstruktiven Aspekt, so dass ich sie besser die „Lehr-Emotionen" nennen werde. Sie lehren uns so viel über uns selbst, wenn wir nur genau reflektieren. Soweit ich mir die obige Liste von Emotionen ansehe, habe ich das Gefühl, dass alle diese Emotionen elementar die Angst als Grundlage haben. Man kann also mit

Sicherheit sagen, dass Angst die Grundlage aller Lehremotionen ist. Es heißt, dass Angst einer der stärksten Emotionen eines Menschen ist. Sie kann lähmend und zerstörerisch sein, weil wir Angst haben, ihr ins Auge zu schauen. Lassen wir es uns mal auf der Zunge zergehen; Wir haben Angst, der Angst entgegenzutreten. Angst vor der Angst. Paradox, nicht wahr?

Angst ist Mangel an Vertrauen: in sich selbst, in die Menschen um uns herum und in die Welt im Allgemeinen. Vielleicht ist die Lektion, die wir versuchen uns selbst beizubringen, zu vertrauen. Vertraue dem Universum, aber letztendlich vertraue dir selbst. Wir haben die besten Indikatoren für unsere Botschaften und unser Wachstum in unserem inneren Kern. Es geht insbesondere darum, hinzuhören und zuzuhören aber auch keine Angst davor zu haben, die Emotionen zu spüren, um die Botschaft zu erkennen, die übermittelt wird.

Sehr wichtig für uns ist, so wurde mir gesagt, sich der Angst bewusst zu werden. Sie hat viele Gesichter und ist auf den ersten Blick durchaus nicht immer erkennbar. Angst ist ein Grundgefühl unseres Körpers. Er ist der einzige Ort, an dem Angst wohnt. In vielen Sitzungen von Dolores Cannon wurde geäußert, dass „Angst nicht real ist. Angst ist eine Illusion. Angst dient nur zu Unterhaltungszwecken. Das einzige was echt ist, ist LIEBE."

Auch wurde Dolores Cannon in Sitzungen oft gesagt, dass Emotionen der Hauptgrund sind, warum wir uns in physischen Körpern inkarnieren. Wenn wir zwischen den Leben in geistiger Form sind, haben wir Zugang zu allen wunderbaren Ebenen des Lehrmaterials, das auf den Geisterebenen und in anderen Dimensionen verfügbar ist und sind uns dessen voll bewusst. Sie fragte in ihren Sitzungen die Klienten unter Hypnose, warum wir eigentlich inkarnieren, wenn wir in der Lage sind, alle Informationen auf der „anderen Seite" zu erfahren. Die Antwort war, dass das Lernen theoretisch oder praktisch ist. Man kann immer schneller lernen, wenn man die Emotionen auch anwendet. Die Lektionen sind dann im Wesen verankert und nicht nur im Gedächtnis. Erlebbar sind diese Emotionen nur in einem Körper. Nirgendwo anders können wir diese Art intensiven Trainings erfahren.

Wie ich zu Beginn dieses Kapitels erwähnte, sind Emotionen Indikatoren dafür, wo wir mit verschiedenen Themen in unserem eigenen Wachstum stehen. Wir können diesen Emotionen sehr dankbar sein, da sie unser Leitsystem durch Leben und Wachstum sind. Dieses emotionale Leitsystem befindet sich in unserem Solarplexus und ermöglicht es, die Auswirkung unserer Entscheidungen zu spüren. Wir wählen, wie wir auf Dinge reagieren. Bis jetzt haben wir unbewusst auf vieles reagiert, was wir erlebten. Wenn wir bewusstere Wesen werden, sind wir uns unserer Entscheidungen, ihrer Auswirkungen und unserer Reaktionen auf diese Entscheidungen um einiges klarer. Dies ist ein viel ausgewogenerer Ort im Inneren unseres Selbst, um zu funktionieren, da wir objektiver sein können.

Ich bin der Meinung, dass es keine richtigen oder falschen Emotionen gibt, genauso wie es keine richtigen oder falschen Möglichkeiten gibt, mit Emotionen umzugehen. Ich denke, in dieser Gedankenstruktur befinden sich viele von uns, dass wir der Meinung sind, wir müssten uns auf eine bestimmte Weise verhalten oder fühlen. Wenn wir dies nicht tun, brauchen wir eine Therapie, denn dann stimmt mit uns irgend etwas nicht. Emotionen sind das, was uns von jedem anderen Wesen im Kosmos unterscheidet. Wir haben uns entschlossen, jetzt hier zu sein, um diese Erfahrungen für unser eigenes beschleunigtes Wachstum zu sammeln. Als wir uns dem Spielbrett oder der Aufgabe Erde zuwandten, lernten wir Emotionen und Grenzen. Emotionen sind für uns der wichtigste Weg zu wissen, wie es uns geht.

Zunächst möchte ich dir versichern, dass es in Ordnung ist, die Emotionen zu spüren, die du fühlst. Woher willst du sonst wissen, was du zu zeigen versuchst, wenn du dir die Erfahrung nicht erlaubst? Uns wurde beigebracht, dass etwas nicht stimmt, wenn wir fühlen, also meinen wir, wir müssen fast jede Emotion betäuben. Aber was sind wir dann? Letzten Endes eine Masse von Robotern, die durch das Leben gehen, ohne ein Leben zu haben. Das andere Extrem ist eine Welt von Menschen, die ihre Gefühle gegeneinander ausspielen und infolgedessen die Energie der Gefühle immer weiter eskalieren. Dies schafft eine Welt des Dramas, die sich ständig selbst verewigt. Jedes Extrem ist nicht hilfreich Ich halte es für wichtig, dass Emotionen, als wundervolle Werkzeuge nicht nur wahrnehmbar sind, sondern wir mit ihnen auch arbeiten können.

Der nächste Schritt besteht darin, die Emotion anzuerkennen. Ich glaube, weil wir Angst haben was hinter der Emotion steckt, erkennen wir sie unbewusst entweder nicht an, verdecken sie oder unterdrücken sie ganz und gar in der Hoffnung, dass sie einfach verschwindet. Wir haben vergessen, dass es eine unserer Hauptmethoden ist, um mit uns zu kommunizieren und uns selbst zu führen. Indem wir die Emotionen nicht anerkennen, verdecken oder unterdrücken, schaffen wir eine Umgebung, in der sich die Emotionen auf andere Weise ausdrücken. Dies ist bisweilen nicht unbedingt ein schöner Anblick. Vielmehr ist es eines der Dinge, die uns Angst machen. Es fühlt sich unkontrollierbar und unaufhaltsam an.

Wie alles andere, das uns zu lehren versucht, muss man genau hinschauen, um zu sehen, was uns die Botschaft eigentlich sagen will. Ich wurde oft gefragt, wie wir die Angst betrachten können. Es fiel mir leicht zu sagen: „Schau es dir an." Als ich jedoch gezielt gefragt wurde, wie das funktioniert, passierte etwas sehr Interessantes. Ich sah ein kleines Wesen vor mir auftauchen, das ungefähr einen halben Meter groß war und das Gefühl der Angst darstellte. Es hatte eine Form, auch Augen und alles damit ich es sehen und keine Angst davor haben musste und es fragen konnte. Ich konnte „der Angst" in die Augen blicken und fragen, was sie mir zeigen möchte. „Was willst du mir beibringen?" „Was willst du, das ich weiß?" Eines der Dinge, die ich interessant fand war, dass sie kleiner war als ich. Ich konnte jetzt sehen, sie ist überhaupt nicht so groß und hässlich, so beängstigend, wie ich ursprünglich dachte. Sobald ich sie wirklich sehen und mit ihr sprechen konnte, löste sie sich wie in einem Luftzug auf. Vielleicht ist es das, was der „Angst ins Auge zu blicken" bedeutet. Im sprichwörtlichen Sinne waren die Augen wirklich zuerst beängstigend, aber als ich sie tatsächlich ansah, wirkten sie einfach nur traurig. Es ist unser Wunsch, sie nicht ansehen zu müssen, was die Angst dann zu einem großen, bösen, hässlichen Monster macht. Sobald sie sich aufgelöst hatte, wurde sichtbar, was dahinter steckt und was ich aus ihr lernen konnte. Jetzt kommt sie von einem objektiveren Ort, so dass ich konstruktiv damit arbeiten kann, wobei die Gefühle der Angst beseitigt sind.

Kapitel 6

Krebs

Die bloße Erwähnung des Wortes Krebs versetzt die Mehrheit der Menschen in Angst und Schrecken. Die meisten Menschen fürchten bei dieser Diagnose, dass ihnen gerade das Todesurteil ausgehändigt wurde. Sie müssen alles tun, um diese Krankheit zu bekämpfen. Da diese Diagnose normalerweise von einem Ort der Angst stammt, ist der Empfänger bereit, sich mit jeder verfügbaren Munition zu rüsten, um sich von diesem schrecklichen Angreifer zu befreien. Er wird als dieser abscheuliche und ekelhafte Eindringling angesehen, der um jeden Preis getötet werden muss. Oft auf Kosten des Körpers, der ihn in sich trägt.

Ich erinnere mich an eine Aussage von Mutter Teresa, die im Wesentlichen besagte, dass sie niemals ein Projekt unterstützen oder mit diesem arbeiten würde, das etwas wie „Armut bekämpfen" oder „Hunger bekämpfen" betraf, denn wenn man etwas bekämpft, gibt man die Energie dahin, indem man sich darauf konzentriert. Es ist ein Standardspruch in der Welt der Schöpfung: „Konzentriere dich auf das, was du willst, nicht auf das, was du nicht willst." Das heißt, wenn du denkst, du musst etwas bekämpfen oder töten, wirst du tatsächlich mehr davon erschaffen. Deine Gedanken kreieren deine Realität. Es ist also produktiver und nützlicher, darüber nachzudenken, was man sich wünscht, wie „Überfluss", „gesunde Beziehungen" oder „einen Körper in Ausgewogenheit und völliger Harmonie".

Krebs erzählt uns von einer Situation, die schon länger andauert. Krebs ist die „letzter Ausweg" Botschaft. Wenn alle anderen Versuche fehlgeschlagen sind, diese Botschaft zu vermitteln, müssen

25

drastischere Maßnahmen ergriffen werden, um die Aufmerksamkeit auf die kritische Lage zu lenken. Du kennst wahrscheinlich Menschen, die nach der Diagnose einer unheilbaren Krankheit ihren Lebensverlauf völlig verändern. Das ist möglicherweise ein großer Teil der Botschaft - innezuhalten und sein Leben zu überdenken. Es zwingt die Menschen nach innen zu schauen, vielleicht zum ersten Mal in ihrem Leben. Haben wir nicht unzählige Male gehört, dass hier alle Antworten sind? Da wir von Natur aus sehr stur sein können, ist dies manchmal die einzige Möglichkeit, uns dazu zu bringen, lange genug anzuhalten, um hinzuschauen. Wie ich schon mehrmals erwähnte, ist man hier nicht das Opfer. Dies wird einem nicht gegen den Willen angetan. Das teilt man sich selbst mit, wenn man aus der Bahn geraten ist und Hilfe benötigt, um wieder auf Kurs zu kommen. Was hier nun als erstes getan werden sollte, ist den Krebs als eine Botschaft anzusehen, die man sich selbst gesendet hat und nicht als diesen Angreifer, der gekommen ist, um sein Leben zu fordern. Jetzt sollte man sich genug bewusst gemacht haben, zu erkennen was es de facto ist - eine Botschaft, die man wirklich hören muss, bevor es zu spät ist.

Durch Dolores Cannons Arbeit wurde ersichtlich, dass Krebs ungelöste Emotionen sind und eine tief unterdrückte Wut. Die Wut über etwas, an das so lange festgehalten wurde, hat sich ohne jegliche Freisetzung in sich aufgelöst und ist nun zu einer Krankheit geworden, die sich manifestiert hat. Der Körperteil, in dem sich der Krebs befindet, gibt über den ungelösten Konflikt Auskunft. Hier ein paar Beispiele: Brustkrebs kann Ärger darüber sein, dass man sich nicht umsorgt oder sich vernachlässigt fühlt. Es kann auch bedeuten, dass man sich um jemanden nicht kümmern darf. Lungenkrebs kann Wut auf das Leben im allgemeinen sein oder die Unfähigkeit, sein Leben zu leben; Darmkrebs wiederum kann Ärger über verschiedene Situationen im Leben sein und sich nicht in der Lage fühlen, darüber zu sprechen. In einer von Dolores Cannons Sitzungen stellte sich ein Mann mit einer Krebserkrankung vor, wie er sich durch seinen Körper bewegt. Als er den Krebs von einem Ort entfernen ließ, kehrte der Krebs an einem anderen Ort zurück. Als Dolores ihn fragte, ob er wütend auf irgendetwas sei, rief er: „Ja! Ich hasse meine Frau! Sie hat die Kinder und lässt sie mich nicht sehen." In „solchen Fällen" wanderte der Krebs einfach von Ort zu Ort, bis man zur Quelle des

Zorns gelangt. Einfach den Krebs zu entfernen und die postoperativen Behandlungen durchzuführen, wird die Situation nicht verbessern, wenn man sich nicht parallel mit dem Ärger auseinandersetzt, der die Grundlage des Ganzen bildet.

Das Erste ist, zu identifizieren und zu verstehen, worüber man wütend ist. Dann musst du es loslassen! Was ist, wenn man eine schreckliche Kindheit / Eltern / Ehepartner usw. hatte? Lass es los! Diese Situation wurde geschaffen, um Dinge zu erfahren und daraus zu lernen. Betrachte es jetzt losgelöst von allen Emotionen, um zu erkennen, was es einem lehren soll. Es könnte auch eine Art karmische schuld gewesen sein, die zurückgezahlt wurde. Was auch immer der Grund sein mag, jetzt ist es Zeit loszulassen. Sobald eine Lektion gelernt oder eine Erfahrung gemacht wurde, muss sie losgelassen werden, um zur nächsten Lektion oder Erfahrung überzugehen. Man darf die „Last" nicht wie Übergepäck herumtragen, die uns beeinträchtigt und das Bewegen erschwert.

Nachdem man die Ursache des Zorns identifiziert hat, ist es wichtig zu vergeben. Den Halt aufzuheben, den er für einen selbst hat. Vergib allen Beteiligten und lass sie gehen. Ich weiß, dass dies viel einfacher gesagt als getan ist, aber es ist absolut notwendig für den Heilungsprozess. Als Dolores Cannon im obigen Beispiel diesem Mann nahelegte, er müsse seiner Ex-Frau vergeben, um den Krebs loszuwerden, hielt er dennoch an seinen Emotionen fest und erwiderte: „Ich kann ihr nicht vergeben. Du weißt nicht, was sie getan hat! Wenn ich ihr vergebe, hat sie gewonnen." Dolores antwortete: „Sie wird gewinnen, wenn du dadurch stirbst"

Irgendwann muss man sich damit abfinden, dass es nicht darum geht zu gewinnen oder zu verlieren. Es geht darum zu erfahren, zu erleben, zu lernen, loszulassen und dann weiter zu machen. Wir fühlen uns mit dieser 3D-Welt und all ihren emotionalen Dramen so verbunden.

Als wir in dieses Leben gekommen sind, schlossen wir Verträge mit allen Charakteren, mit denen wir zu tun haben, um die unterschiedlichsten Erfahrungen und Lektionen machen zu können. Einige dieser Verträge gelten für karmische Situationen, dies bedeutet, man arbeitet an Schulden aus vorherigen Leben, die zurückgezahlt werden müssen. Andere Absprachen können auch getroffen werden. Oder man möchte an einem speziellen Projekt arbeiten, oder auch für etwas so simples, wie zur richtigen Zeit am richtigen Ort zu sein, um jemandem zu helfen oder ihm Worte der Ermutigung zu erteilen.

Einige Verträge sind, wie mit unseren Eltern / Kindern / Ehepartnern, längerfristig. Wiederum andere sind kurzfristig wie bei einem „One Night Stand", der ein Kind oder eine Freundschaft hervorbringen kann. Oft wurde der Vertrag mit einer Person abgeschlossen und wir bleiben in der Situation, die für uns eine Verpflichtung darstellt. Es gab viele QHHT-Sitzungen, in denen der Ältestenrat feststellte, dass der Vertrag längst abgelaufen sei und aus diesem Grund die Beziehung jetzt ungesund ist. Es war längst überfällig, dass die Personen sich weiterentwickeln und die nächsten Etappen ihrer Reise antreten. In vielen anderen Sitzungen stellte sich heraus, dass es ein Muster gibt, in dem versucht wurde, verschiedene Lebenszeiten zu durchlaufen, um Beziehungen auszugleichen, jedoch es funktionierte einfach nicht. Die beteiligten Parteien setzten ein Verhaltensmuster fort, bei dem die von ihnen bearbeiteten Probleme weder behoben noch gelöst wurden.

Wenn du das Gefühl hast, zum jetzigen Zeitpunkt mit jemandem zusammen zu sein, der dir eher hinderlich erscheint, gibt es eine einfache Methode, um sich von diesem Vertrag zu lösen. Dolores Cannon hat dies in vielen ihrer Vorträge beschrieben und es hat selbstverständlich tiefgreifende Auswirkungen. Auf einer mentalen Ebene stellst du dir bildlich vor, mit dieser Person zusammen zu sein und du siehst, wie du den Vertrag hältst. Es ist sehr schwierig, dies von Angesicht zu Angesicht mit der Person zu tun, unter Umständen ist die Person auch nicht mehr da, und es ist nicht möglich mit ihr sprechen. Du sagst dieser Person jetzt: „Wir haben es versucht, wir haben es wirklich versucht." Du siehst, wie du den Vertrag zerreißt und nun sagst: „Ich vergebe dir. Ich gebe dich frei. Ich lasse dich gehen." Wenn du den zerrissenen Vertrag auf den Boden fallen gelassen hast, kannst du sagen: „Du gehst deinen Weg mit Liebe, und ich gehe meinen Weg. Wir müssen nicht länger verbunden sein." Du wirst ein großes Gefühl der Erleichterung verspüren, wenn die Last von deinem Herzen genommen wird. Wichtig dabei ist, dass du es nicht nur überzeugend äußerst, sondern es aus deinem tiefsten Inneren heraus auch so meinst, denn nur so ist es wirksam. Für diese Person wird es nun schwieriger sein, „deine Knöpfe zu drücken", und du kannst jetzt ein großes Gefühl der Freiheit finden.

In Bezug auf Krebs muss man die Situationen / Menschen, auf die man wütend ist, freigeben. Der Prozess ist eigentlich sehr einfach, jedoch nicht unbedingt leicht umsetzbar. Wie im letzten Absatz beschrieben, muss man sich an einem Ort befinden, an dem man bereit ist, alle Facetten dieser Beziehung freizugeben. Man muss zutiefst meinen, was man sagt, damit es auch die Wirkung hat. Um loszulassen muss man allen Beteiligten vergeben. Ich möchte hier ein wunderbares Ritual von einem lieben Freund und sehr begabten Hellseher, Blair Styra aus Neuseeland, beschreiben. Seine Formel beinhaltet, jeden Morgen, bevor er seinen Tag beginnt, die folgenden Mantras zu sprechen.

„Ich vergebe all jenen, die mich in diesem Leben verletzt haben, in jedem anderen Leben und in jeder Hinsicht."

„Ich bitte um Vergebung für all diejenigen, die ich in diesem Leben verletzt habe, in jedem anderen Leben und auf jede Art und Weise."

„Ich vergebe mir für die Rolle, die ich gespielt habe und für meine Übertretungen in diesem Leben, in jedem anderen Leben und in jeder Hinsicht. "

Dies ist eine fantastische Möglichkeit, alle deine Probleme, und zwar aus allen Lebenszeiten, loszulassen! Die letzte Aussage ist wahrscheinlich die wichtigste – verzeihe dir selbst! Manchmal ist das der schwierigste Schritt. Denke daran, du hast diese Situation geschaffen, um zu erfahren und daraus zu lernen. Gehe an einen objektiven Ort, ohne jegliche Emotionen, schaue dann, was du dir selbst beibringen oder erleben wolltest. An diesem Punkt kannst du es als „Mission erfüllt" betrachten und loslassen, während du zu etwas anderem übergehst. Jede Erfahrung hilft dir zu wachsen und dich weiterzuentwickeln. Das nächste Erlebnis mag mehr oder weniger herausfordernd sein, aber es wird, wie auch immer, anders sein.

Viele berichten, dass die Zeit ihrer Krebserkrankung sehr reinigend war. Indem sie dachten, sie könnten sterben, ließen sie viele Dinge los, an denen sie festhielten. Eventuell war es das erste Mal, dass sie wirklich nach innen schauten und ihre Gefühle in Bezug auf verschiedene Situationen reflektierten. Sie hatten eine Art Katharsis, sie waren mittendrin und all ihre Emotionen konnten herausbrechen.

Sobald dies alles erreicht ist, wird die Person zweifellos eine Remission haben. Ist ersichtlich warum? Sie hat sich von all der Last befreit, die sie zurückgehalten hat, der Körper muss sich nicht mehr darum kümmern, vielmehr kann er sich auf den Heilungsprozess konzentrieren. Die medizinischen Kriterien und unterstützenden Behandlungen werden anerkannt, aber die Person, die sich selbst und ihre Gefühle reflektiert, hat die eigentliche Heilung bewirkt, denn durch das Loslassen, wurde die Ursache behoben.

Ich bin nicht hier, um gegen die medizinische Gemeinschaft die Hand zu erheben (ich selbst bin Krankenschwester). Die Medizin hat ihren Stellenwert. Dieser liegt beispielsweise darin, bei der Bewältigung des dringendsten Bedarfs zu helfen, damit nicht nur das zugrunde liegende Problem gefunden und behoben werden kann, sondern wir in der Folge die Kraft für unsere eigene Heilung zurückerhalten und nutzen. Wir sind die Schöpfer unserer Krankheiten, also sind wir auch diejenigen, die unsere Gesundheit schaffen! Solange wir anderen die „Reparatur" überlassen, werden wir immer die Opfer sein. Dies ist wahrscheinlich die Bedeutung einiger dieser Botschaften, die zugestellt werden. „Nimm es zurück." „Steh auf deinen eigenen Beinen!" „Dies ist dein Körper und dein Leben - niemand weiß es so gut wie du!" „Niemand wird es so gut reparieren können wie du selbst." Wir müssen wissen, dass wir die Macht haben, alles zu erschaffen was wir wollen, und so können wir der eigene Herr unserer Gesundheit sein.

Beispielhaft kann dies in der Form geschehen, dass wir von einem Heilpraktiker dazu gebracht werden, uns zu helfen, uns selbst zu helfen. Wie ich am Anfang dieses Buches sagte, es ist wichtig dass man sich an dem Prozess beteiligt, das heißt, man muss sich aktiv einbringen. Heilung geschieht dir nicht, sondern mit dir. Es gibt viele Möglichkeiten, sich zu beteiligen, und ich werde diese Möglichkeiten weiter in Kapitel 21 diskutieren.

Es gab zahlreiche QHHT-Fälle, in denen die Person mit der Diagnose Krebs zu Dolores Cannon kam. Nachdem das Unterbewusstsein die Schritte mit dem Klienten durchlaufen hatte, brachte es heilendes weißes Licht durch das Kronen Chakra und löste den Tumor auf. Der Rückstand wurde freigesetzt, um sicher aus dem System geleitet zu werden. In manchen Fällen wurde der Klient zusätzlich angewiesen, für eine bestimmte Zeit einen Obst- oder

Gemüsesaft zu trinken. Dies unterstützt den Körper dabei, in seinen natürlichen, gesunden Zustand zurückzukehren.

SEKTION:

Körperteil-Botschaften

Wie bereits erwähnt, sendet die Seele (das höhere Ich, das man wirklich ist) Botschaften über diesen wunderbaren Boten - den Körper. Das Universum ist einfach und nicht kompliziert, daher wird man feststellen, dass dieser Teil sehr wörtlich ist, wenn er auf diese Weise kommuniziert. Körperteile stehen für ganz bestimmte Dinge. Einige Autoren haben dies bis in das kleinste Detail interpretiert, aber ich sehe für mich nicht die Notwendigkeit das zu tun. Durch meine eigenen Erfahrungen und die meiner Mutter, Dolores Cannon, bin ich zu der Ansicht gelangt, dass der Prozess der Botschaften am wichtigsten ist. Er weist dir die Richtung. Indem ich dies bis zu einem gewissen Grad in diesem Buch aufgeschlüsselt habe, sollte man es eher als ein Ressourcenbuch und nicht als ein Lehrbuch betrachten, mit dem man lernt, wie man diesen Prozess für sich nutzen kann. Ein Ressourcenbuch wird in das Bücherregal gestellt und bei Bedarf verwendet. Es ist etwas außerhalb von dir. Es ist also sehr wichtig, sich auf den Prozess einzulassen, damit du es für dich verwenden kannst und deine eigene Heilung bewirkst. Das geschieht durch das Verständnis der eigenen Situation und in der Kommunikation mit sich selbst, um die Botschaften zu verinnerlichen und das Problem am Schopfe der Wurzel zu packen.

Ich habe die verschiedenen Körpersysteme aufgelistet und die allgemeinen und häufigsten Darstellungen und Bedeutungen dieser Teile angegeben. Es geht normalerweise nicht um ein Körpersystem. Es geht um einen bestimmten Körperteil innerhalb eines Systems. Wenn ich nur auf das System eingehen würde, könnten andere

Probleme übersehen werden. Es gibt ein paar Systeme, die Botschaften als Ganzes liefern können, auf diese werde ich verweisen. Zu jedem Körperteil werde ich einige Beispiele für häufig auftretende Beschwerden nennen. Daran ist erkennbar, wie wörtlich das Botschaften System ist, und uns dabei unterstützt, den Zugang zu den Botschaften des Körpers zu finden und die Botschaften seines eigenen Körpers zu verstehen. Zum besseren Verständnis werde ich Beispiele für tatsächliche Lebenssituationen oder Hypnosesitzungen aus den Fallakten von Dolores Cannon anführen, um die Botschaft verständlich zu machen. Manchmal gibt es „Ausnahmen von der Regel", und die Botschaft folgt nicht der erwarteten Route. Daher werde ich auch einige davon freigeben, damit man sehen kann, wie der Mechanismus funktioniert. Denke daran, dies ist kein Ressourcenbuch, in dem ich auf alles eine Antwort habe. Vielmehr soll dir dieses Buch veranschaulichen, wie dein höheres Selbst durch deinen Körper zu dir spricht und wie du die Botschaften verstehen kannst.

Das Unterbewusstsein oder die Seele/höheres Selbst kommuniziert durch den Körper mit Symptomen. Aufgrund dieser Symptomatik erstellt der Arzt die Diagnose. Das aber hat nichts mit der zugestellten Botschaft zu tun. Zu der ursächlichen Botschaft muss man selbst gelangen.

Mit Ausnahme der Organe, die rechte und linke Seite des Körpers kann auch ein Indikator deiner Botschaften sein. Wenn etwas auf der rechten Seite deines Körpers passiert, deutet dies auf etwas hin, was im Jetzt passiert. Das heißt in deiner Gegenwart. Die linke Seite wiederum zeigt etwas aus deiner Vergangenheit an - aus diesem oder aus einem anderen Leben. Nehmen wir an, als einfaches Beispiel, dein rechtes Bein hat Probleme. Die Botschaft könnte womöglich sein, dass dich gerade etwas davon abhält, dich in eine neue Richtung zu bewegen. Handelt es sich um das linke Bein, hindert dich etwas aus der Vergangenheit (möglicherweise was dir gesagt oder getan wurde) vorwärts zu kommen.

Kapitel 7

Das Kreislauf System

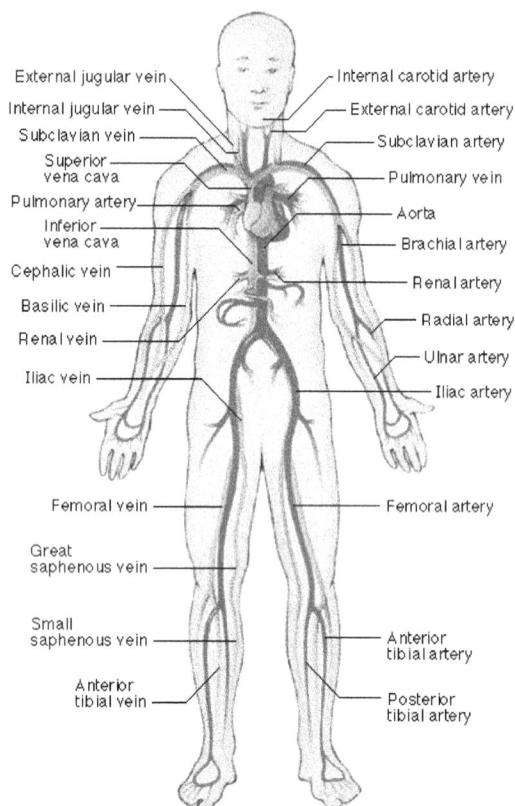

External jugular vein

Internal jugular vein

Subclavian vein

Superior
vena cava

Pulmonary artery

Inferior
vena cava

Cephalic vein

Basilic vein

Renal vein

Iliac vein

Internal carotid artery

External carotid artery

Subclavian artery

Pulmonary vein

Aorta

Brachial artery

Renal artery

Radial artery

Ulnar artery

Iliac artery

Femoral vein

Great
saphenous vein

Small
saphenous vein

Anterior
tibial vein

Femoral artery

Anterior
tibial artery

Posterior
tibial artery

Der Zweck des Kreislaufsystems besteht darin, das mit Sauerstoff und Nährstoff angereicherte Blut in den Blutgefäßen vom Herz in den Körper durch verschiedene Organe und wieder zurück zu leiten.

Das menschliche Herz ist ein Muskelorgan, das für eine kontinuierliche Durchblutung sorgt und stellt damit eines der wichtigsten Organe im menschlichen Körper dar.

Blut ist eine spezielle Körperflüssigkeit, die den Körperzellen die notwendigen Substanzen, wie Nährstoffe und Sauerstoff, zuführt und Stoffwechselabfälle abtransportiert.

Zirkulation = Bewegung. Der Fluss des Lebens. Bewegung in die eigene Richtung; im Fluss des Lebens. Das eigene Leben bewegt sich in die gewünschte Richtung. Jede Störung des Blutes deutet auf eine Störung der Lebenskraft hin.

Alle Blockaden oder Probleme in diesem System weisen auf Probleme im Lebensverlauf oder in der Lebensrichtung hin. Der Körperbereich, in dem sich die Blockade befindet, gibt möglicherweise an, wo sich die Blockade im gegenwärtigen Leben befindet. Für den Fall, dass es sich beispielsweise um Beine (Knie, Knöchel, Füße) handelt, bewegt man sich physisch nicht in die gewünschte Richtung. Wenn es sich in den Armen befindet, muss man möglicherweise etwas loslassen, um sich in die gewünschte Richtung bewegen zu können. Sofern es den Nacken betrifft, muss man sich vielleicht nach der Richtung umsehen die man sucht, eventuell sogar hinter dir. Im Herzen und in den Hauptarterien des Kerns blockiert man genau die Liebe, die man sucht. Liebe für dich. Und indem man diese Liebe blockiert, blockiert man den Weg seiner wahren Wünsche. Eine Blockade im Gehirn kann auf eine Blockade seiner Intuition hindeuten. Vielleicht möchtest du nicht dem folgen, was du „siehst" oder „hörst".

Blockaden in diesem System deuten darauf hin, dass die Situation schon seit geraumer Zeit andauert. Es gab wahrscheinlich viele andere Botschaften auf dem Weg, die falsch interpretiert oder ignoriert wurden. Ich sage das, weil dies ein zentrales Kernsystem ist und der Körper Botschaften über die Peripherie sendet, bevor man zum Kern gelangt. So funktioniert der Körper im Allgemeinen. Er schützt immer die Kernorgane oder die Organe, ohne die der Körper nicht leben kann. Er wird alles tun, um das Herz, das Gehirn, die Nieren usw. zu schützen. Wenn eines dieser zentralen Organe in Mitleidenschaft gezogen wird, kann der Körper sterben. Das Botschaftensystem ist der gleiche Weg; es folgt dem gleichen Muster. Dies sind Systeme der letzten Instanz. Der Lebensunterhalt der Person wird gerade angesprochen, daher wird es für sie immer wichtiger, die Botschaft zu verstehen.

Man wird wahrscheinlich feststellen, dass andere Systeme betroffen sind, da dieses Problem weiterhin besteht. Mit diesen anderen Systemen kann man die Situation und das, was man zu sagen versucht, besser beleuchten.

Flüssigkeitsansammlung (Wasserretention) - Flüssigkeit ist Emotionen - eine Ansammlung von Emotionen - nicht herauszulassen. Sie nicht fließen lassen. Erlaube ihnen, dich zu beschweren. Wenn sich die Anhäufung in den Füßen und Knöcheln befindet, zeigt dies an, dass man sich nicht in die gewünschte Richtung bewegt, weil man sich an einigen Emotionen festhält und sie nicht herauslässt. Diese Emotionen machen in der Einschätzung der Situation unflexibel und unfähig, sich innerhalb oder außerhalb der Situation zu bewegen. Wenn sich die Flüssigkeit auf dem Herzen festsetzt, ist es eine noch stärkere Botschaft, dass sich die Gefühle nicht ausdrücken. Alle Probleme des Herzens deuten auf einen Mangel an Liebe oder Freude im Leben hin.

Anämie - ein Gefühl der Schwäche; den eigenen Wert nicht erkennen.

Herzinfarkt – Das Herz ist der Sitz der Emotionen. Probleme mit dem Liebesleben. Gefühl von Verantwortung unter Druck gesetzt; entkommen wollen. Dies kann als akzeptabler Weg angesehen werden, um aus einer unglücklichen Situation (z. B. einem Job) entlassen zu werden.

Leukämie - In einer Demonstration für eine der QHHT-Klassen wurde dargelegt, dass dieser Krankheitsprozess ein „akzeptabler" Weg ist, Selbstmord zu begehen. Ein Weg, auf dem der Körper aufhört zu existieren.

AIDS - Schamgefühl und / oder große Schuldgefühle; entehren; Beurteilung. In einer Demonstrationssitzung in einer QHHT-Klasse wurde festgestellt, dass die gesamte AIDS-Krankheit von fortgeschrittenen Seelen übernommen wurde, um das Bewusstsein des Planeten zu stärken, indem Menschen über Urteilsvermögen unterrichtet wurden. Mehr dazu findet man in dem Buch von Dolores Cannon („Convoluted Universe VI") „Das Multidimensionale Universum – Buch vier".

Schlaganfälle - Schlaganfälle entstehen durch Blutgerinnsel oder Sauerstoffmangel im Gehirn. Hierbei ist nicht wichtig zu wissen, was oder wo es im Gehirn passiert ist, sondern wo und wie sich die Symptome im Körper manifestieren, um die spezifischen Botschaften zu erhalten.

Kapitel 8

Das Verdauungssystem

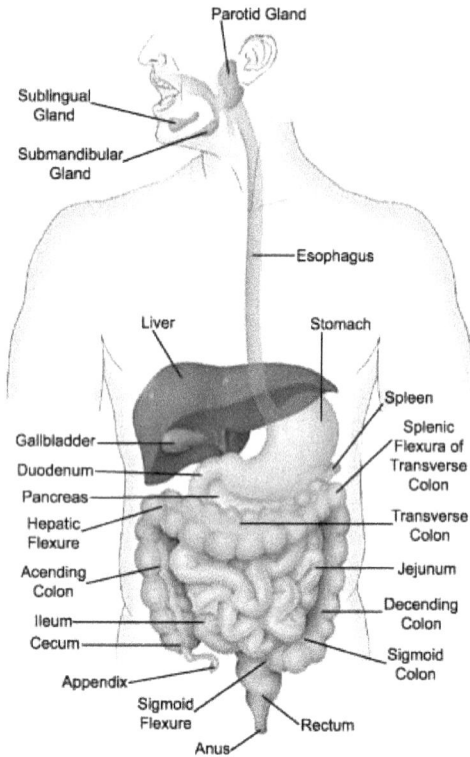

Das Verdauungssystem als Ganzes wird verwendet, um die Nahrung, die wir zu uns nehmen, in Nährstoffe aufzuspalten, die der Körper für „Kraftstoff, Reparatur und Wartung" verwenden kann, um den Körper am Leben zu erhalten.

In diesem Abschnitt wird es wichtig sein, die Körperteile und nicht das gesamte System zu betrachten. Wobei die Chakren hier eine große Rolle bei der Interpretation spielen.

Mund / Rachen:

Immer wenn der Hals betroffen ist, ist es die gleiche Botschaft. Irgendwie hat alles mit Mund, Zähnen, Kiefern und Rachen zu tun.

Wenn die Halsregion dieses Systems betroffen ist, muss etwas Wichtiges gesagt werden. Du sagst nicht deine Wahrheit. Du musst für dich selbst sprechen. Es mag etwas sein, worüber man sehr verärgert ist und Angst hat, seine Meinung zu äußern, aber genau das ist das, was du tun musst. Genau dazu fordert dich dein Körper auf. Hör auf, dich zurückzuhalten! Einige der Gründe, warum die Leute sich zurückhalten, bei dem was sie sagen möchten, ist: die Sorge, abgelehnt, kritisiert, missverstanden oder verspottet zu werden. Oder sie fühlen sich nicht wichtig genug, um etwas zu sagen. All dies sind sehr verständliche Bedenken und Gründe, warum man seinen Mund nicht öffnet, aber dein Körper fordert dich auf, ihn zu öffnen und deine Wahrheit zu sagen! Du bist wichtig und du hast etwas zu sagen!

Halsschmerzen – Emotional geladene negative Worte, die gesagt werden müssen, aber man hält sich zurück und es reizt den Hals.

Laryngitis – Man muss in einer Situation für sich selbst sprechen. Es gibt etwas, was man unbedingt sagen muss. Eine andere Bedeutung ist, dass man das Gefühl hat, kein Mitspracherecht zu haben.

Mandelentzündung - („Zündung" am Ende eines Wortes weist auf eine Entzündung hin) - Wenn also etwas entzündet ist, ist es wütend. In diesem Fall verschließt sich der Hals fast, da er so angeschwollen ist, dass das Schlucken schwierig wird. Was willst du nicht sagen? Was versuchst du so sehr zurückzuhalten? Dein Stolz?

Verzeihe dir für die Rolle, die du in der Situation gespielt hast. Es ist Zeit, das zur Ruhe zu bringen - es hat lange genug gedauert. Insgesamt bedeutet dies, dass man festhält, was man sagen möchte und nicht für sich selbst spricht.

Karies - Dies deutet buchstäblich auf etwas Faules im Mund hin. Unwahrheiten sagen oder du bist mit dem, was gesagt wird, nicht einverstanden.

Schilddrüsenprobleme - Ich spüre tatsächlich, wie sich der Hals zusammenzieht, um festzuhalten was er sagen will. Dies ist eine Situation, die seit geraumer Zeit andauert.

Kannst du erkennen, wie all das anzeigt, was man nicht spricht? Man spricht entweder nicht für sich selbst, für eine Situation oder für etwas. Es muss etwas gesagt werden, und du sagst es nicht. Die Schwere oder „Chronizität" gibt einen Hinweis darauf, wie lange dies schon so ist. Beispielsweise ist der Heilungsverlauf einer Laryngitis in der Regel kürzer als eine Schilddrüsenunterfunktion. Laut der Schulmedizin muss man nach der Diagnose einer Hypo- oder Hyperthyreose für den Rest seines Lebens Medikamente einnehmen oder sich einer Operation unterziehen.

Bauch:

Die einfachste Meldung, wenn die Bauchregion betroffen ist, ist, dass man etwas nicht „erträgt". Etwas geht dir wirklich gegen den Strich und du hast nicht das Gefühl, dass du etwas darüber sagen kannst, also lässt du deine Emotionen nicht raus und sie werden in deinem „Magen" festgehalten. Da dies der Bereich der Verdauung ist, kann es auch sein, dass man seine Gedanken, Worte oder Handlungen „verdauen" sollte, bevor man sie in Bewegung setzt. So wie Essen, das zu lange im Magen verbleibt, verfault, müssen auch diese Dinge ausgeführt werden. Sie verweilen dort, faulen vor sich hin und ernähren sich von sich selbst, um etwas sehr Ungesundes für dein Leben zu werden.

Ein gutes Beispiel dafür, wie sich der Magen von selbst ernährt, ist ein Geschwür. Hier ist die Frage "Was isst du?" sehr angebracht. Im Falle eines Geschwürs ist es normalerweise Ärger. Wenn es erlaubt ist, ohne Freisetzung der Emotionen fortzufahren, kann es sehr gut zu einer Krebserkrankung kommen. Wie ich bereits dargelegt habe, wird Krebs durch unterdrückte Wut verursacht. Wenn die Person nur über das sprechen könnte, was sie stört, sich aber nicht dazu in der Lage fühlt.

Gewichtsprobleme sind sowohl in diesem Land als auch in anderen Ländern eine Pandemie. Wir sind von unseren Körperbildern sehr angetan. Der Körper reflektiert direkt deine Gedanken oder Einstellungen und sendet Botschaften. Wie lauten also die Botschaften zum Gewicht?

Viele Botschaften werden zum Übergewicht übermittelt. Fettleibigkeit oder Übergewicht sind in der Regel ein Schutz, indem wir uns hinter der zusätzlichen Polsterung verstecken, um uns vor Verletzungen zu schützen. Wir werden alle zu unterschiedlichen Zeiten und auf unterschiedliche Weise in unserem Leben verletzt. Das „Ich" sagt: „Das war zu schmerzhaft, das werde ich nie wieder tun." Es wird also aktiv, um zu verhindern, dass so etwas jemals wieder passiert. Wenn wir uns unattraktiv machen, werden wir nicht wieder verletzt, weil wir nicht in eine Beziehung oder eine Situation geraten, in der wir verletzlich sein können. Dies ist eine wunderbare Möglichkeit uns zu verstecken, damit wir nicht so anfällig für Angriffe oder unerwünschte Aufmerksamkeit sind. Es ist einer der häufigsten Gründe, warum wir uns mit Essen trösten wollen.

Weitere Gründe für Übergewicht können sein, dass man in seinem früheren Leben hungerte oder andere in einem anderen Leben verhungern ließ. Der Körper trägt viele Male Erinnerungen davon, wie er in einem anderen Leben gestorben ist. Wenn du in einem anderen Leben verhungert bist, erinnert sich die Seele daran und der gegenwärtige Körper möchte verhindern, dass es erneut passiert. So wird sichergestellt, dass du nicht verhungerst. Weil die Seele von Körper zu Körper wandert, ist sie sich nicht bewusst, dass dies ein anderes Leben ist und überhaupt nicht die Gefahr besteht, zu verhungern. In diesem Fall kannst du mit diesem Teil von dir sprechen, um ihn wissen zu lassen, dass es sich um ein anderes Leben handelt und dass in diesem Leben keine Gefahr besteht, zu verhungern. Dies ist mit einer QHHT-Sitzung sehr einfach, sofern man die Möglichkeit hat, eine zu erhalten.

In einer anderen Sitzung von Dolores Cannon, fand sich eine Person als Ältester eines Stammes wieder, der seine Lehren nicht weitergegeben hatte, bevor er starb. Während er von diesem Leben ging, gab er eine Erklärung ab, dass er das Gewicht der Verantwortung dieses Lebens niemals loswerden würde. Worte sind sehr mächtig.

Ich habe festgestellt, dass hinter Magersucht oder starkem Untergewicht die Meldung steckt, dass man danach strebt zu verschwinden. Man möchte keinen Platz einnehmen; man fühlt sich nicht würdig, Platz einzunehmen. Man versucht zu verblassen. Auch hier versucht der Körper, im ersten Fall sich zu verstecken oder auf irgendeine Weise geschützt zu werden. Wenn du verschwindest, kann niemand dich sehen, wenn niemand dich sieht, kann keiner dich verletzen. Sofern du diese Probleme hast, bist du dir normalerweise der Verletzungen bewusst, vor denen du dich schützen möchtest. Eine QHHT-Sitzung würde dabei helfen, Licht ins Dunkel zu bringen, wenn sie aus einem anderen Leben stammt. Man kann jedoch auch selbst Antworten erhalten, indem man den Prozess durcharbeitet, wie später erläutert wird.

Der Mensch verfügt über zahlreiche Mechanismen, um die Körperfunktionen unter allen Umständen zu erhalten. Einer der Vorgehensweisen des Körpers ist Fett an Bord zu halten, um Giftstoffe zu absorbieren, die schädlich sein können. Wenn man einen hohen Gehalt an diesen Toxinen in seinem Körper hat, wird der Körper es nicht erlauben, das überschüssige Fett zu verlieren, da es passieren könnte, dass diese Toxine zu schnell in die Blutbahn gelangen und dies faktisch zum Tod führen kann. Der Körper hält dich tatsächlich am Leben, indem er dich fett hält. Wenn du das Gewicht loslassen möchtest, musst du in die Richtung arbeiten, in der der Körper sich zuerst von den Giftstoffen befreien kann. In diesen Fällen ist es ein guter Weg, in Erfahrung zu bringen, warum man sich dafür entschieden hat, giftig zu sein. Was ist die Botschaft? Gibt es eine giftige Situation in deinem Leben, von der du dich befreien musst? Möglicherweise handelt es sich jedoch tatsächlich um Chemikalien in der Umwelt, oder in Lebensmitteln, vielleicht aber auch um eine Beziehung oder Situation, die für dich sehr ungesund ist. Nur du weißt es. Das Vorgehen ist in beiden Fällen gleich - kümmere dich um dich selbst, indem du alle toxischen Elemente in deinem Leben beseitigst.

Leber:

In diesem System befindet sich die Leber, die die Giftstoffe aus dem Körper filtert, um den Körper gesund zu halten. Wenn man Probleme mit der Leber hat, hat man offensichtlich Toxine in seinem Leben, von denen man sich befreien muss, damit man gesund und produktiv sein kann. Etwas vergiftet dein Leben und normalerweise weißt du genau, was es ist - es ist kein Geheimnis. Es kann eine buchstäbliche Vergiftung durch Chemikalien oder eine bildliche Vergiftung durch Lebenssituationen sein. Es ist etwas, von dem du dich nur befreien musst. Dein Körper sagt es laut und deutlich!

In einer der Sitzungen von Dolores Cannon führte das Unterbewusstsein einen Körperscan durch. Dolores bittet manchmal darum, einen Körperscan durchzuführen, wenn es viele körperliche Probleme gibt, um zu prüfen, ob es noch weitere Probleme im Körper gibt. Dabei wird der Körper methodisch durchlaufen, normalerweise von Kopf bis Fuß, und es werden Kommentare zu allen gefundenen Problemen abgegeben. In dieser Sitzung zeigte der Körperscan, dass etwas mit der Leber nicht stimmte. Das Unterbewusstsein teilte der Klientin mit: „Die Leber muss zu viele Konservierungsstoffe filtern."
Dolores: Durch das Essen, was sie zu sich nimmt?
Caroline: Ja!

D: Isst sie etwas bestimmtes, was ihr nicht gut tut?
C: Cola, sie sollte damit aufhören. Oder diese reduzieren und mehr Wasser zu sich nehmen. Auch sollte sie keine Fertiggerichte mehr essen und alles mit frischen Zutaten selbst zubereiten. Frisches Gemüse, überdies mehr frische Lebensmittel verarbeiten und selber kochen ist wichtig!

Das Unterbewusstsein machte sich dann daran, die Leber zu reparieren.

In einer anderen Sitzung rief das Unterbewusstsein laut, die Klientin solle aufhören, den Körper mit Tylenol zu vergiften. Sie hatte es in verschiedenen Formen gegen chronische Schmerzen eingenommen und ihre Leber war ermattet aufgrund der „Vergiftung". Das Unterbewusstsein heilte das gesamte System zusammen mit der

Leber. Es gab dann die Anweisung, diese Gifte nicht mehr in das System zu bringen.

Die Bauchspeicheldrüse:

Die Bauchspeicheldrüse reguliert den Zuckergehalt im System, da sie die Verdauung unterstützt. Das System muss einen bestimmten Zuckergehalt (Glukose) im System haben, um seine täglichen Funktionen ausführen zu können. Hat das System zu viel oder zu wenig Zucker ist der Körper in Gefahr. Probleme in dieser Region weisen auf Probleme mit „Süße" im Leben hin. Das soll nicht heißen, dass man nicht genug Zucker isst. Es zeigt einfach an, dass man mit seinem Leben nicht zufrieden ist. Du spürst nicht die „Süße" des Lebens - vielleicht fühlst du dich nicht geliebt oder umsorgt. Oder die „Freude" deines Lebens scheint zu fehlen. Du bist nicht begeistert von dem, was du tust. Es kann auch einen Mangel an Liebe geben. Dies wird in den Krankheitsprozess übersetzt, der als Diabetes bekannt ist.

Dünn- und Dickdarm:

Der Darm transportiert die Abfallprodukte aus dem Körper, nachdem die gewünschten Nährstoffe vom System extrahiert und absorbiert wurden. Probleme in diesem Teil des Systems deuten darauf hin, dass entweder der Abfall nicht freigesetzt wird (Verstopfung des Darms) oder dass zu sehr versucht wird, Abfall und / oder Toxine (Durchfall oder Reizdarm) zu beseitigen und überhaupt nichts festzuhalten. Beides sind Extremsituationen und daher aus dem Gleichgewicht geraten. Auch dies sind wahrscheinlich Gedanken oder Gefühle, die man in sich trägt und „faulen" lässt und nicht zulässt, dass sie sich bewegen. Gefühle und / oder Gedanken müssen zum Ausdruck gebracht werden, um diesen Mechanismus aus deinem Leben zu entfernen.

Alle anderen Eliminierungsprobleme würden diesem Gedankengang folgen. Der Schweregrad zeigt an, wie lange dieses Problem schon besteht. Entzündungen wie Kolitis würde auf Wut hinweisen. Krebs ist dabei der nächste Schritt. Auch hier handelt es sich um unterdrückte Wut auf eine Person oder Situation. Man muss den Ärger anerkennen, einen Weg finden ihn anders auszudrücken als auf sich selbst und ihn dann loslassen. Wir werden später diskutieren, wie man am Ende des Buches loslassen kann, um die Botschaften zu empfangen und sich selbst zu heilen.

Ich werde auch daran erinnert, dass es nicht nur darum geht, Gedanken oder Gefühle auszudrücken, sondern auch Maßnahmen zu ergreifen. Wie viele Menschen kennst du, die ständig ihre Gedanken oder Gefühle zu ihren Themen zum Ausdruck bringen, aber nichts dagegen tun. Sie wiederholen immer wieder dasselbe. Ich verwende hierzu lapidar die Redewendung „immer das gleiche Band abspielen". Dies kann bedeuten, dass man sich in einer unglücklichen Situation befindet und etwas unternehmen muss, um dies zu verändern. Man kann mit jedem und jeder Person darüber sprechen und sich beklagen, wenn man jedoch nichts unternimmt, sich in eine andere Richtung zu begeben, ändert sich auch nichts daran und es kann sehr wahrscheinlich noch schlimmer werden, da man in der Situation verharrt. Oft lautet die Botschaft, in eine andere Richtung zu gehen. Es könnte bedeuten, dass man sich aus einer unglücklichen Situation begibt, um sich in eine Richtung zu bewegen, die Freude bereitet und positiv ist.

Wenn du diese Änderungen vornimmst, kann es manchmal zunächst zu Problemen oder Störungen in deinem Leben kommen, aber auf lange Sicht ist es ein nachhaltiger Prozess.

Kapitel 9

Das Hormonsystem

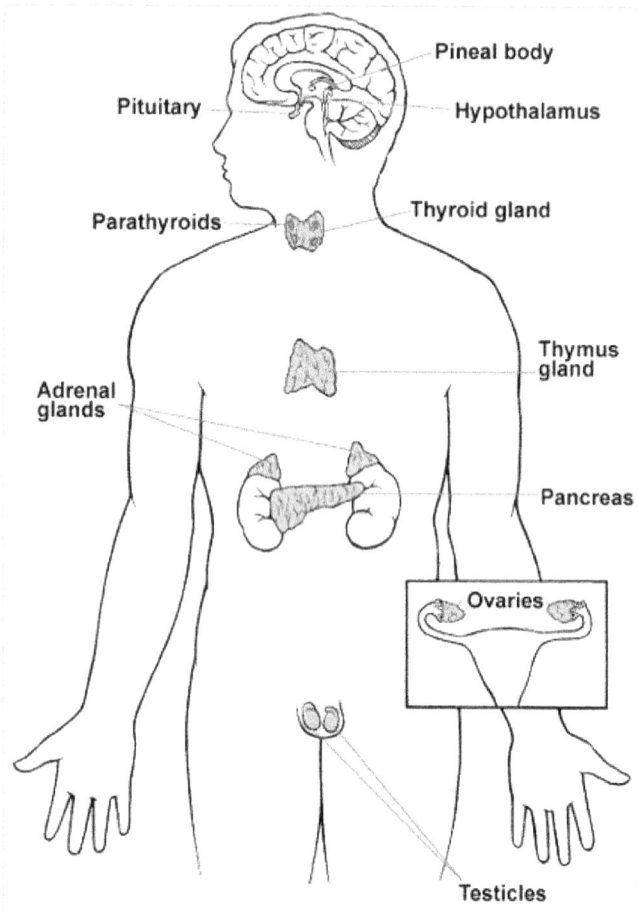

Pineal body

Pituitary

Hypothalamus

Parathyroids

Thyroid gland

Thymus gland

Adrenal glands

Pancreas

Ovaries

Testicles

Das Hormonsystem ist ein System von Drüsen, von denen jede eine Art Hormon direkt in den Blutkreislauf ausschüttet, um den Körper zu regulieren. Dieses System besteht aus der Hypophyse, dem Hypothalamus, der Zirbeldrüse, der Schilddrüse, der Nebenschilddrüse und den Nebennieren.

Die **Hypophyse** befindet sich an der Basis des Gehirns. Die Hypophyse sezerniert neun Hormone, die die Homöostase regulieren.

Der **Hypothalamus** ist ein winziger Teil des Gehirns. Trotz seiner geringen Größe spielt der Hypothalamus eine entscheidende Rolle bei einer erstaunlichen Anzahl von Funktions- und Verhaltensaktivitäten, die für das tägliche Überleben des einzelnen Menschen und für das weitere Überleben seiner Spezies unerlässlich ist. Ihre übergeordnete Aufgabe besteht darin, eine Vielzahl von Informationen aus dem Körper zu sammeln und zu integrieren sowie neuronale und endokrine Reaktionen zu organisieren, die die Homöostase aufrechterhalten (ständiges Gleichgewicht der inneren Umgebung).

Die **Zirbeldrüse** (auch Epiphysis cerebri, Epiphysis conarium oder das "dritte Auge" genannt) ist eine kleine endokrine Drüse im Gehirn. Sie produziert das Serotoninderivat Melatonin, ein Hormon, das die Modulation von Wach- / Schlafmustern und saisonalen Funktionen beeinflusst. Seine Form ähnelt einem winzigen Tannenzapfen (daher der Name) und befindet sich in zentralen Bereich des Gehirns zwischen den beiden Hemisphären.

Die **Schilddrüse** ist eine der größten endokrinen Drüsen. Die Schilddrüse befindet sich im Nacken unterhalb des Schildknorpels (der den Kehlkopfvorsprung oder „Adamsapfel" bildet). Die Schilddrüse steuert, wie schnell der Körper Energie verbraucht, Proteine bildet und wie empfindlich der Körper auf andere Hormone reagiert. Sie ist an diesen Prozessen beteiligt, indem es Schilddrüsenhormone produziert, wobei die wichtigsten Triiodthyronin (T3) und Thyroxin (T4) sind. Diese Hormone regulieren die Stoffwechselrate und beeinflussen das Wachstum und die Funktionsrate vieler anderer Systeme im Körper.

Die **Nebenschilddrüsen** sind kleine endokrine Drüsen im Nacken, die Nebenschilddrüsenhormone produzieren. Menschen haben normalerweise vier Nebenschilddrüsen, die sich in der Regel auf der Rückseite der Schilddrüse, in seltenen Fällen in der

Schilddrüse selbst oder in der Brust befinden. Nebenschilddrüsen kontrollieren die Menge an Kalzium im Blut und in den Knochen.

Die **Nebennieren** sitzen auf den Nieren. Sie sind hauptsächlich für die Freisetzung von Hormonen als Reaktion auf Stress durch die Synthese von Corticosteroiden wie Cortisol und Katecholaminen wie Epinephrin verantwortlich. Die Nebennieren beeinflussen die Nierenfunktion durch die Sekretion von Aldosteron, einem Hormon, das an der Regulierung der Osmolarität von Blutplasma beteiligt ist.

Die wichtigste Aufgabe dieses System ist es, den Körper im Gleichgewicht zu halten (Zustand der Homöostase). Dies geschieht mit der Sekretion der verschiedenen Hormone aus den verschiedenen Drüsen. Anstatt dieses System als Ganzes im Blick zu haben, muss hier der Teil des Körpers betrachtet werden, in dem sich die Drüse befindet. Hieraus ergibt sich die Anleitung für die Botschaft.

Die Drüsen an Hals und Rachen weisen darauf hin, dass man die Wahrheit sagen muss, um im eigenen Leben ins Gleichgewicht zu kommen. Wir haben zahlreiche Beispiele von Menschen mit Schilddrüsenproblemen gehabt (besonders Schilddrüsenunterfunktion). Es wurde in allen Fällen festgestellt, dass die Person sich zu etwas äußern musste. Sie hatten viel zu lange geschwiegen.

Die Nebennieren befinden sich oben auf den Nieren, um die Botschaft zu finden, muss die Bauchregion sowie die Funktion der Nieren betrachtet werden. Die Nieren setzen Giftstoffe aus dem System frei. Wenn man Probleme mit dieser Region hat, kann es wahrscheinlich daher kommen, dass man giftige Gedanken, Worte, Handlungen usw. pflegt, die man dann in seinem „Darm" festhält. Diese Handlungen müssen freigesetzt werden, um wieder in sein Leben zu gelangen und ein harmonische Gleichgewicht zu halten. Weitere Informationen zu dieser Körperregion findest du im Abschnitt über die Nieren.

Die anderen Drüsen befinden sich im Gehirn; entweder in der Mitte oder an der Basis. Während ich dies schreibe, erhalte ich die Eingebung, dass ich diese Ausdrücke wörtlich betrachten soll. Mit anderen Worten, schaue dir an, was der „Kopf" oder die „Basis" des Problems ist. Hier müssen Veränderungen stattfinden, um ein Gleichgewicht zu erhalten.

Das Gehirn verarbeitet eine Vielzahl von Informationen, Reizen, Gedanken, Nervenimpulsen und anderes. Überladungen an Informationen oder Reizen können ein Bedürfnis nach Ruhe und Beruhigung des Gehirns erzeugen. Die Botschaft könnte sein, dass man es langsamer angehen und sich an einen ruhigen Ort begeben sollte, damit man den Raum hat, um die Geschehnisse zu verarbeiten, die in deiner Umgebung vor sich gehen.

Im Kapitel über Chakren bezieht sich das Dritte Auge oder das Augenbraue Chakra auf diesen Bereich und weist auf Probleme mit psychischen Fähigkeiten hin. Dies wird im Abschnitt über das Gehirn im Nervensystem näher erläutert.

In meiner eigenen Situation hatte ich Probleme mit vermutlich mehreren Teilen dieses Systems. Als ich mein Unterbewusstsein und meinen Körper befragte (ich werde dies in dem Buch später erläutern), war immer die Antwort: „Du bist aus dem Gleichgewicht geraten." Der Körper reflektiert dein Leben. Sofern die Dinge aus dem Ruder geraten sind, muss man nach Antworten zur Ursache suchen. In meinem Fall war und ist es so, dass ich viel mehr Zeit damit verbringe zu arbeiten, als zu relaxen oder auch mal Zeit für mich zu haben. Infolgedessen ist mein Körper aus dem Gleichgewicht geraten. Wie man sich vielleicht vorstellen kann, ist das Leben, in dem ich mich befinde, sehr anspruchsvoll und zeitintensiv, so dass ich mir unbedingt mehr Ruhepausen für mich nehmen muss. Das ist nicht immer einfach und meistens ist Arbeit angesagt. Aus erster Hand kann ich sagen, dass der Mensch nicht allein zum Arbeiten gemacht ist, aber es ist ganz leicht, in ein Hamsterrad aus Arbeit zu geraten. Schwieriger ist es da schon, den Raum zu finden, um einfach nur zu „Sein", denn für gewöhnlich fühle ich mich schuldig, wenn ich das Gefühl habe nichts zu „tun". Mir ist klar, dass der Körper dies zu sagen versucht, und ich bin mir meiner Entscheidungen bewusst, während ich daran arbeite, die Balance in meinem Leben wiederherzustellen.

Als wir vor kurzem für eine, von uns gesponserten, Veranstaltung am 21. Dezember 2012 in London waren, kam ich an einem Kräuter- und Akupunkturgeschäft vorbei, während ich einen Spaziergang durch die Gegend machte, in der sich unser Hotel befand. Ich fühlte mich sehr von dem Geschäft angezogen. Noch nie hatte ich eine Akupunktur Behandlung gehabt, war aber neugierig und fragte mich gleichzeitig, ob das etwas für mich sei. Ich verstand, dass es etwas mit

Ausgleichsenergien zu tun hat, also dachte ich, dass dies durchaus hilfreich sein könnte. Die Besitzerin und Praktizierende dieses Geschäfts war eine sehr angenehme Frau aus Peking, China. Wir setzten uns für eine Beratung einander gegenüber und sie nahm meine Handgelenke, während sie ihre Finger auf meinen Puls hielt. Ich fühlte eine sofortige Ruhe über mich kommen - es war ein so schönes, friedliches Gefühl. Sie beschrieb mir genauestens, was mit meinem Körper los war. Wobei sie exakt wusste, an welchem Punkt mein Nacken seit dem letzten langen Flug verkrampft war, und auch einige andere Dinge, die sie nach dem, was ich ihr bereits erzählt hatte, nicht hätte wissen können. Später erzählte sie mir, dass sie nicht sicher ist, wie sie diese Informationen erhält, dass vielleicht ihr Chi (Energie) in meinen Körper eindrang und ihr ermöglichte diese Dinge zu sehen. Ich bin mir auch nicht sicher, was sie getan hat, aber ich weiß, dass ich mich sehr friedlich fühlte, als sie meine Handgelenke nahm. Sie führte eine Akupunktursitzung mit mir durch und stellte fest, dass einige meiner Organe sehr müde seien. Sie sagte, das Gleichgewicht der Energien für diese Organe ist gestört und die Akupunktur würde helfen, es neu auszurichten. Ich mochte ihre Herangehensweise sehr, weil sie glaubte, der Körper sei in der Lage für sich selbst zu sorgen, wenn man ihm den nötigen Raum und die Unterstützung gibt, die er dafür benötigt. Sie ist keine Befürworterin des Systems, die die Opfer Konditionierung unterstützt. Wie wir gesagt haben: „Der Körper ist ein wundersamer Mechanismus, der entwickelt wurde, um sich selbst zu heilen, wenn wir uns nicht einmischen." Die Behandlung besteht darin, den Organen das Gleichgewicht zwischen Energie und Ruhe zu geben, damit er sich selbst heilen kann, um in seiner eigenen Funktion unter optimalen Bedingungen zu funktionieren. Ich habe im Internet die folgenden Informationen zu Akupunktur gefunden, falls du so wenig darüber weißt, wie ich wusste. Wie bei jeder Art von Dienstleistung muss man seine Hausaufgaben machen und sehen, wer und welche Dienstleistung das richtige Gefühl auslöst, da es viele Menschen gibt, die ihr Handwerk nicht im höchsten Licht ausüben. Das fühlte sich zu dieser Zeit richtig für mich an und ich wurde definitiv dazu angeleitet, den Service dieser Frau zu nutzen. So kann man manchmal auch seine Heilanleitung erhalten. Man wird zu einem Dienst geführt, der dabei hilft, das zu tun, was der Körper benötigt, um seine Energien zu verlagern und sich selbst zu heilen.

Akupunktur ist eine Methode, um den Körper zu unterstützen, die natürliche Heilung zu fördern und die Funktionsweise zu verbessern. Dies geschieht durch das Setzen von Nadeln und Anwenden von Wärme oder elektrischer Stimulation an bestimmten Akupunkturpunkten.

Wie funktioniert Akupunktur?

Die klassische chinesische Erklärung lautet, dass Energiekanäle in regelmäßigen Mustern durch den Körper und über seine Oberfläche verlaufen. Diese Energiekanäle, Meridiane genannt, sind wie Flüsse, die durch den Körper fließen, um das Gewebe zu spülen und zu nähren. Ein Hindernis in der Bewegung dieser Energieströme ist wie ein Damm, der eine Blockade auslöst.

Die Meridiane können durch das Nadeln der Akupunkturpunkte beeinflusst werden; Die Akupunkturnadeln lösen die Hindernisse an den Dämmen und stellen den regelmäßigen Fluss durch die Meridiane wieder her. Akupunkturbehandlungen können daher die inneren Organe des Körpers dabei unterstützen, Ungleichgewichte bei ihrer Verdauung, Absorption und Energieerzeugung sowie bei der Zirkulation seiner Energie über die Meridiane zu korrigieren.

Die moderne wissenschaftliche Erklärung ist, dass das Nadeln der Akupunkturpunkte das Nervensystem dazu anregt, Chemikalien in den Muskeln, im Rückenmark und im Gehirn freizusetzen. Diese Chemikalien verändern entweder das Schmerzempfinden oder lösen die Freisetzung anderer Chemikalien und Hormone aus, die das körpereigene interne Regelsystem beeinflussen.

Die verbesserte Energie und das biochemische Gleichgewicht, die durch Akupunktur hervorgerufen werden, stimulieren die natürliche Heilungsfähigkeit des Körpers und fördern das körperliche und emotionale Wohlbefinden.

Kapitel 10

Das Immunsystem

Ein Immunsystem ist ein System von biologischen Strukturen und Prozessen, das vor Krankheiten schützt. Um richtig zu funktionieren, muss ein Immunsystem eine Vielzahl von Substanzen erkennen, von Viren bis hin zu parasitären Würmern und sie vom eigenen gesunden Gewebe des Organismus unterscheiden.

Leukozyten:

Weiße Blutkörperchen oder **Leukozyten** sind Zellen des Immunsystems, die an der Verteidigung des Körpers gegen Infektionskrankheiten und Fremdstoffe beteiligt sind. Sie leben etwa 3 bis 4 Tage durchschnittlich im menschlichen Körper und sind im gesamten Körper zu finden, einschließlich dem Blut und Lymphsystem.

Mandeln:

Die Mandeln sind lymphoepitheliales Gewebe im Rachen. Dieses Gewebe stellt den Abwehrmechanismus der ersten Linie gegen aufgenommene oder eingeatmete fremde Krankheitserreger dar.

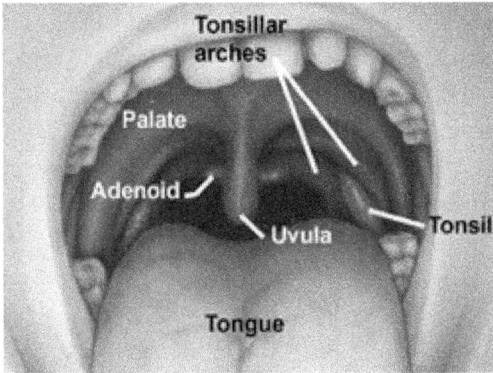

Polypen:

Polypen sind eine Ansammlung von Lymphgewebe, die sich hinter der Nasenhöhle im Dach des Nasopharynx befindet, wo die Nase in den Rachen übergeht.

Thymusdrüse:

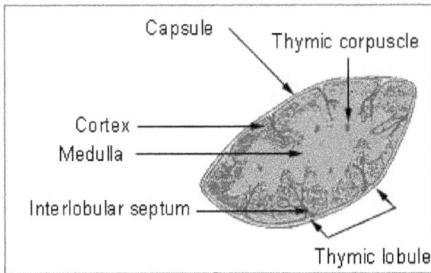

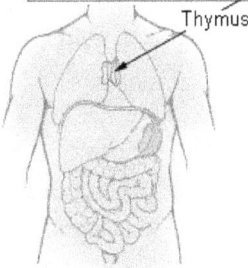

Die Thymusdrüse ist ein spezialisiertes Organ des Immunsystems. Der Thymus produziert und „erzieht" T-Lymphozyten (T-Zellen), die kritische Zellen des adaptiven Immunsystems sind.

Die Thymusdrüse besteht aus zwei identischen Lappen und befindet sich anatomisch im vorderen oberen Mediastinum, vor dem Herzen und hinter dem Brustbein.

Milz:

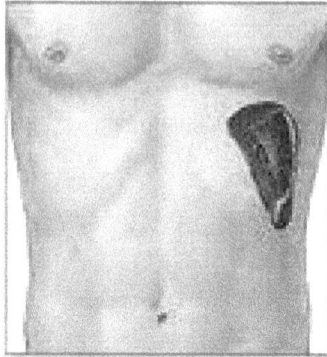

Die Milz befindet sich im linken oberen Quadranten des Abdomens und spielt eine wichtige Rolle in Bezug auf rote Blutkörperchen. Es entfernt alte rote Blutkörperchen und hält eine Blutreserve für den Fall eines hämorrhagischen Schocks bereit, während es gleichzeitig Eisen recycelt. Analog kann es als großer Lymphknoten angesehen werden, da ihre Abwesenheit zu einer Veranlagung für bestimmte Infektionen führt.

Das Immunsystem hat einen Zweck, nämlich den Körper vor Angriffen durch fremde „Eindringlinge" zu schützen. Wenn dieses System aktiviert ist, ist es ganz einfach zu sagen: „Nun, ich bin mit jemandem in Kontakt gekommen, der einen Keim hatte, und ich habe mich erkältet." Es bedeutet normalerweise nicht, dass man sich von Menschen mit Keimen fernhält. Es bedeutet, dass man das Gefühl hat, in irgendeiner Weise angegriffen zu werden. Dies ist normalerweise kein Angriff, aber es könnte sein. Man hat das Gefühl der Machtlosigkeit, sich nicht gegen etwas verteidigen zu können. Etwas nähert sich dir „frontal" und du willst nicht damit umgehen. Du siehst es als Angriff an, sonst würdest du es schnell nehmen und dich durch oder um es herum bewegen. Möglicherweise würde es genügen mal auszuruhen (äußere Anforderungen greifen an), gleichwohl man gibt sich nicht die Erlaubnis, sich diese Auszeit zu gönnen. Der Körper kümmert sich nun darum, indem er dir eine Erkältung oder dergleichen verpasst und dich zur Ruhe zwingt.

Um die zu übermittelnden Botschaften zu verstehen und eine Anleitung zu erhalten, ist es wichtig, den Bereich zu betrachten, in dem sich die spezifische Drüse befindet, und zu untersuchen, wie sich die Symptome manifestieren.

Wenn die Mandeln oder Adenoide betroffen sind (Halsbereich), muss man etwas sagen (seine Wahrheit aussprechen) in Bezug auf den Angriff, unter dem man sich befindet. Eine andere Art dies zu sehen ist: Um angegriffen zu werden, muss man ein Opfer sein. Betrachte also zu diesem Zeitpunkt deine psychische Verfassung, um festzustellen, ob du das Gefühl hast Opfer eines Umstands oder einer Situation zu sein. Denke daran, wir schaffen Situationen, aus denen wir lernen können, und du bist niemals das Opfer von Possen anderer. Wenn wir uns verletzlich und als ein Opfer fühlen, dann haben wir aus irgendeinem Grund unsere Macht abgegeben und sind offen für Angriffe.

Die Thymusdrüse befindet sich in der Brust- / Herzregion, was darauf hindeuten kann, dass man sich machtlos fühlt, wenn man Gefühle für sich selbst oder andere empfindet. Das Herz ist der „Sitz der Emotionen" und zeigt deine Liebesgefühle an. Dies betrifft deine Fähigkeit zu lieben und geliebt zu werden, sowie deine Fähigkeit, Liebe und Freude im Leben zu haben. Vielleicht hast du dich in der Vergangenheit angegriffen gefühlt, wenn es um deine Gefühle geht und hast Angst, diesen Teil von dir zu öffnen. Oder du fühlst dich jetzt in Bezug auf deine Gefühle der Liebe und / oder Freude angegriffen und greifst in deine Schutzmechanismen ein.

Der Sitz der Milz ist im Oberbauch. Siehe dir also noch einmal an, was sich darin befindet, und du wirst vielleicht als Verteidiger eines Angriffs gesehen. Im Bauchbereich neigen wir dazu, unsere Emotionen zurückzuhalten und sie nicht freizusetzen oder auszudrücken. Dies kann eitern und dazu führen, dass etwas in diesem Bereich des Körpers reagiert.

Kapitel 11

Das Integumentäresystem(Das Hautsystem)

Das Integumentäresystem ist ein Organsystem, das wie eine Barriere den Körper vor Schäden schützt und die Haut und ihre Anhänge (einschließlich Haare und Nägel) umfasst. Das Integumentäresystem hat eine Vielzahl von Funktionen; Es dient dazu, das tiefere Gewebe wasserdicht zu machen, abzufedern und zu schützen, Abfälle auszuscheiden, darüber hinaus um die Temperatur zu regulieren. Es ist die Befestigungsstelle für sensorische Rezeptoren, damit Schmerzen, Empfindungen, Druck und Temperatur erkannt werden. Bei den meisten Landwirbeltieren mit starker Sonneneinstrahlung sorgt das Integumentäresystem auch für die Vitamin-D-Synthese.

Haut:

Die menschliche Haut ist die äußere Hülle des Körpers. Beim Menschen ist es das größte Organ des Integumentariums. Die Haut besteht aus mehreren Schichten ektodermalen Gewebes und schützt die darunter liegenden Muskeln, Knochen, Bänder und inneren Organe. Obwohl fast die gesamte menschliche Haut mit Haarfollikeln bedeckt ist, erscheint sie haarlos.

Die Haut spielt als Schnittstelle zur Umwelt eine wichtige Rolle beim Schutz (des Körpers) vor Krankheitserregern und übermäßigem Wasserverlust. Seine weiteren Funktionen sind Isolierung, Temperaturregulierung, Empfindung, Synthese von Vitamin D und der Schutz von Vitamin B-Folaten.

Haut, Haare und Nägel schützen nicht nur die Organe und Systeme des Körpers, sondern präsentieren sich auch der Welt. Abhängig davon, wo ein Problem vorliegt, wird erneut angegeben, um was es sich handelt. Ich traf jemanden, der eine Verfärbung von Gesicht und Hals hatte. Während einer Rückführungssitzung, die sie zu ihrer Geburt in diesem Leben führte, stellte sie fest, dass sie von ihrer Mutter nicht gewollt war, weil sich ihre Mutter einen Jungen gewünscht hatte. Sie fühlte sich „entstellt" und schuf sich diese „Maske".

Schnittwunden oder andere Arten von Hautöffnungen können auf ein Gefühl der Verletzlichkeit oder eines Mangels an ausreichendem Schutz gegen äußere Einflüsse hinweisen.

Sieh dir an, wie sich der Zustand genau manifestiert, denn das ist deine Botschaft.

Ich habe zudem festgestellt, dass einige Hautausschläge (insbesondere an den Beinen) ein Hinweis darauf ist, dass zu viel Energie durch den Körper strömt, was auf eine Überlastung hinweist.

Viele Rückführungen haben gezeigt, dass Ekzeme (ein brennender roter Hautausschlag) Rückstände sind, die aus einem anderen Leben von einer Verbrennung herrühren. Es wurde möglicherweise übertragen, um sich daran zu erinnern oder auf die Aktivitäten aufmerksam zu machen, die zur Entstehung der Verbrennung geführt haben. Mit anderen Worten, es kann Ähnlichkeiten zwischen den beiden Leben geben und dies dient als Warnung.

Eine anderer Sachverhalt sind die auf der Haut üblichen Muttermale. Es wurde festgestellt, dass Muttermale Rückstände und Indikatoren für ein Trauma sind oder wie man in einem anderen Leben starb. Sie haben normalerweise keine gesundheitlichen Auswirkungen, können jedoch entfernt werden, wenn man die Botschaft findet und die Verbindung herstellt.

Haare (die Mähne) ist in vielen Fällen unser Ruhm und wie wir uns von anderen unterscheiden. Wie wir unsere Haare (Haarpracht) tragen, ist ein guter Hinweis darauf, wie wir uns selbst fühlen.

Wenn ich daran denke, die Haare zu verlieren, verbinde ich damit - die Ehre zu verlieren. In einer Sitzung von Dolores Cannon stellte das Unterbewusstsein fest, dass der Haarausfall auf einen Vitamin-B12-Mangel zurückzuführen war.

Nägel sind auch ein Hinweis darauf, wie wir uns gegenüber unseren Mitmenschen zeigen. Sie sind gewissermaßen die Teile, die wir „präsentieren".

Wie bereits erwähnt, sind Nägel an unseren Fingern auch Werkzeuge, die wir verwenden können. Probleme mit diesen „Werkzeugen" können auf ein Gefühl der Unzulänglichkeit oder Unfähigkeit hinweisen, mit einer Situation „umzugehen".

Kapitel 12

Das Lymphsystem

Das Lymphsystem ist ein Teil des Kreislaufsystems und besteht aus einem Netzwerk von Leitungen, die als Lymphgefäße bezeichnet werden und eine klare Flüssigkeit, die sogenannte Lymphflüssigkeit, zum Herzen transportiert. Nachdem das Kreislaufsystem das gesamte Blut während eines Tages aufbereitet und gefiltert hat, befinden sich ungefähr 3 Liter Flüssigkeit, die nicht direkt in das System zurückfließen werden. Das Lymphsystem befördert nun die überschüssige Flüssigkeit zurück ins Blut. Wobei die Flüssigkeit durch die Lymphgefäße zu den Lymphknoten transportiert wird, bevor sie schließlich in die rechte oder linke Vena subclavia fließt, wo sie sich mit dem Blut vermischt.

Lymphatische Organe spielen eine wichtige Rolle im Immunsystem und haben eine erhebliche Überlappung mit dem Lymphsystem. Lymphknoten befinden sich im gesamten Körper und fungieren als Filter oder Fallen für Fremdpartikel. Sie sind wichtig für das reibungslose Funktionieren des Immunsystems und sind dicht mit den weißen Blutkörperchen gefüllt.

Das Lymphsystem ist ein wichtiges Transportmittel, um die Zellen in einer gesunden und ausgeglichenen Umgebung zu halten, indem überschüssige Flüssigkeit zurück in das Blut geleitet wird und dort zirkulieren kann. Hier wird sie benötigt, damit Bakterien zu den Lymphknoten transportiert und dort zerstört werden können. Wenn dieses System ausgeschaltet ist, schwellen die Extremitäten an (insbesondere bei Füßen und Beinen), weil die überschüssige Flüssigkeit nicht in das Blut zurückgeleitet wird. Da das

Lymphsystem Teil des Kreislaufsystems ist, wird die Botschaft sehr ähnlich sein. Das Blut- und Kreislaufsystem zeigt den Fluss des Lebens an und bewegt sich in die gewünschte Richtung. Der Flüssigkeitsvorrat in diesem System kann auf einen Bewegungsstau oder eine „träge" Bewegung in die gewünschte Richtung hinweisen. Es gibt entweder eine Blockade oder einen Widerstand gegen den Fluss oder die Bewegung, die man in diesem Leben geplant hatte. Du bist auf der falschen Spur oder steckst fest. Es fehlt an Engagement für die Richtung oder den Fluss, und so fühlt es sich wie ein Widerstand an. Wenn man ganz aufhört, entwickelt man höchstwahrscheinlich Schmerzen in diesen Bereichen.

Der Zweck der Lymphknoten ist es, Bakterien zu zerstören, die über dieses System zugeführt werden. Probleme hier ähneln den Problemen im Immunsystem. Man fühlt sich in Bezug auf etwas oder in einem Bereich seines Lebens machtlos. Du hast deine Macht abgegeben und fühlst dich ungeschützt und angreifbar (wie ein Opfer). Wenn diese Knoten Probleme haben, sollte man sein Inneres nach der spezifischen Botschaft durchsuchen.

Die Beine zeigen die Bewegung deiner Lebensrichtung an. Bei den Armen deutet es darauf hin, was oder wie man Dinge oder sogar wie man sein Leben umarmt. Die Kehle wiederum zeigt an, dass man nicht spricht oder seine Wahrheit nicht mitteilt – Du musst etwas sagen, was du für dich behältst. Die Magen- / Bauchregion weist darauf hin, dass Probleme im „Darm" enthalten sind und nicht weitergegeben oder verarbeitet werden.

Kapitel 13

Der Bewegungsapparat

Ein Bewegungsapparat ist ein System, das uns Menschen die Möglichkeit gibt, sich mithilfe des Muskel- und Skelettsystems zu bewegen. Der Bewegungsapparat verleiht dem Körper Form, Unterstützung, Stabilität und Bewegung.

Es besteht aus den Knochen des Körpers (dem Skelett), Muskeln, Knorpel, Sehnen, Bändern, Gelenken und anderem Bindegewebe, das Gewebe und Organe unterstützt und zusammenhält.

Zu den Hauptfunktionen des Bewegungsapparates zählen die Unterstützung des Körpers, die Bewegungsfreiheit und der Schutz lebenswichtiger Organe.

Muskeln:

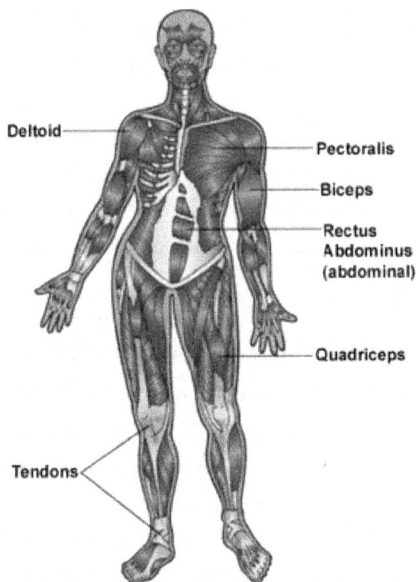

Skelett:

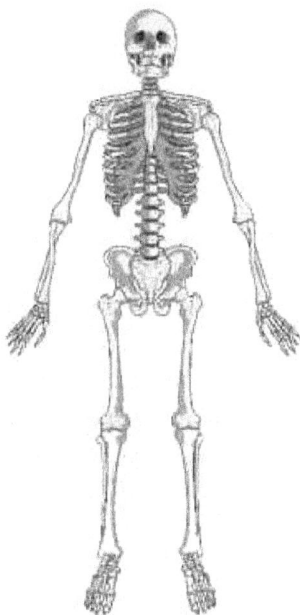

Die Rolle des Skeletts:

Dieses System aus verbundenen Knochen und Knorpel stützt den Körper und bildet ein Gerüst, um das die weicheren Gewebe aufgebaut sind. Das Skelett schützt zudem die inneren Organe, beispielsweise schützt der Brustkorb das Herz und die Lunge, während der Schädel das empfindliche Gehirn schützt. Das Skelett ist immens wichtig, um Bewegungen in verschiedenen Körperteilen zu ermöglichen. Knochen bieten Verankerungspunkte für Muskeln, an denen sie ziehen können.

Dies ist ein System, das am besten in einzelnen Abschnitten betrachtet wird. Die Muskeln und das Skelett im Allgemeinen bieten Unterstützung und Schutz für die Organe sowie Bewegung für den Körper. Normalerweise beziehen sich Botschaften innerhalb dieses Systems eher auf einzelne Teile, wie auf einen Arm oder ein Bein, als auf den gesamten Bewegungsapparat. Aus diesem Grund sollte hier ein genauerer Blick auf die Situation geworfen werden, um die zugrunde liegende Botschaft zu erkennen.

Da die Muskeln Bewegung zulassen, ist die Art des Problems ein Hinweis auf die Art der Nichtbewegung oder der Bewegungseinschränkung. Muskelschwäche oder Atrophie können auf einen Verlust des Verlangens in dieser bestimmten Bewegungsrichtung hinweisen.

Hüften, Beine, Knie, Knöchel, Füße:

Beine, Füße:

Diese bewegen dich von Ort zu Ort. Probleme mit diesen zeigen an, dass man sich nicht in die gewünschte Richtung bewegt. Widerstand gegen Bewegung in eine andere Richtung. Es ist wahrscheinlich etwas, was man schon seit einiger Zeit tun will, aber man hat Angst, weil es Veränderung bedeutet und ein Verlassen der Komfortzone oder eine Änderung des Lebensstils erfordern würde. Die linke Seite zeigt an, dass dich etwas aus der Vergangenheit zurückhält. Die rechte Seite ist etwas aus der Gegenwart - jetzt. „Aussteigen", „Vorwärtsgehen", „den ersten Schritt machen".

Hüften, Knie, Knöchel:

Dies sind Gelenke, die den Beinen und Füßen helfen, sich zu bewegen. Gelenke sind flexibel und zeigen die Flexibilität an, die man beim Bewegen in eine neue Richtung hat. Probleme mit diesen Gelenken weisen darauf hin, dass man sich nicht in die richtige Richtung bewegt, und geben einen Einblick in die tiefer liegenden Gründe. Je größer das betroffene Gelenk ist, desto größer ist die Inflexibilität.

Ich selbst hatte ein Problem mit meiner rechten Ferse, was als Fersensporn „diagnostiziert" werden könnte, bemerkenswerterweise habe ich dazu die Botschaft erhalten, dass es sich wortwörtlich um ein „Eintauchen in die Fersen" (Englische Redewendung) handelt, was so viel bedeutet wie, auf seinem Standpunkt zu beharren, insbesondere wenn versucht wird, einen dazu zu überreden. Während ich fleißig an meinem Buch schreibe, bessern sich langsam die Beschwerden. Wie ich bereits sagte, habe ich viel Widerstand geleistet, um an diesen Punkt zu gelangen. Ich neige dazu, Widerstand bei der Bewegung in die gelenkte Richtung zu erzeugen. Ich arbeite an mir und werde dies auch weiterhin tun, wenn ich in meine neu gefundene Rolle „einsteige".

Schultern, Arme, Hände:

Denke daran, das höhere Selbst ist sehr wörtlich. Arme und Hände halten etwas fest. Sie umarmen das, was du liebst. Die Schultern zeigen an, wie weit man seine Arme öffnen kann, um etwas zu empfangen/zu nehmen und / oder zu umarmen. Hände können als Werkzeuge dienen. Arthritis der Hände verursacht, was wie fest geschlossene Fäuste erscheint. Es sieht wahrlich so aus, als würde man sich an etwas festhalten. Dies deutet darauf hin, dass man etwas oder jemanden nicht loslassen möchte. Eine andere Botschaft von geschlossenen Händen auf diese Weise ist, nicht offen zu sein, da wir normalerweise Dinge annehmen, die uns mit offenen Händen übergeben werden.

Schulterschmerzen - Da die Schultern die Gelenke sind, um die Arme zu bewegen, wurde in Sitzungen gezeigt, dass Schmerzen in dieser Region auf ein Ungleichgewicht zwischen Geben und Nehmen hinweist. Da es bei den Armen darum geht, zu empfangen, zu akzeptieren und zu umarmen, wenn man mehr gibt als man nimmt oder umgekehrt, entsteht ein Ungleichgewicht und damit die Notwendigkeit einer Botschaft.

Dolores Cannon hatte viele Sitzungen, in denen der Klient sich einer Hüft- oder Knieoperation unterziehen sollte, da die Gelenke stark abgenutzt waren. In den meisten Fällen lautete hierfür die Botschaft, dass sich die Person nicht in die Richtung bewegt, die sie sich vorgenommen hatte. Es gab Vorsätze, was sie mit ihrem Leben eigentlich tun wollten, aber nicht taten. Wenn ich mir intuitiv anschaue, was in diesen Situationen passiert, sehe ich, dass Anstrengungen unternommen werden, um sich in eine bestimmte Richtung zu bewegen oder zu gehen, aber der Widerstand / Widerwillen / die Sturheit verursachen Reibung oder Widerstand an der Fläche / am Gelenk. Dies macht es schwieriger sich zu bewegen und es verursacht Schmerzen oder Beschwerden.

In einer anderen Sitzung mit einer Klientin ist das Folgende passiert:
„Wir wollten mehr über ihre körperlichen Probleme herausfinden und ich hatte angenommen, dass ihre Knieprobleme auf der linken Seite mit einem anderen Leben zusammenhingen. Dem war aber nicht so. Dieses Symptom bedeutet normalerweise, dass die Person nicht in die richtige Richtung geht. Dass sie sich zurückhält. Aber das höhere Selbst sagte: „Manchmal muss man es langsamer angehen. Sie ist ungeduldig und sehr stur. Sie kann sich selbst heilen, anstatt sich einer Operation zu unterziehen."

Sobald die Botschaft zugestellt wurde, wird sie empfangen und entsprechende Maßnahmen ergriffen. Die Schmerzen / Beschwerden werden nachlassen.

Hier ein Auszug aus einer Sitzung zum Thema Multiple Sklerose: Der Vater meines Klienten hatte in jungen Jahren MS entwickelt. Ich fragte mich, warum das passiert ist.

P: Er war ein sehr kluger und ehrgeiziger Mann und stammte aus einer sehr schwierigen Familie. Zwar wusste er, was er tun musste, hatte aber Angst davor. Angst, dass er versagen würde in dem was er sich vornahm. Und obwohl er viele großartige Dinge vollbracht hatte, stagnierte er. Bisher erfüllte er seine eigenen Vorsätze nicht. Er entwickelte Multiple Sklerose, weil er sich spirituell nicht so schnell entwickelte, wie er es sich ursprünglich vorgenommen hatte. Dies bewirkte, dass eine Skalierung auf spiritueller Ebene zunahm, jedoch nicht auf der physischen Ebene. Also ging er permanent in die falsche Richtung und kam letztendlich an einen Punkt ohne Wiederkehr. Dieser Mechanismus erlaubte seiner geistigen und spirituellen Instanz über die Tiefen nachzudenken und sie zu fühlen. Alles was er gemacht hat, hat er gut gemacht. Diesen Aspekt reflektiert er in diesem Leben und arbeitet es durch. Er macht alles gut."

Hals:

Die Botschaften von Problemen mit dem Hals sind wieder sehr wörtlich. Wenn man darüber nachdenkt, was der Hals denn tut: Er hält den Kopf an Ort und Stelle. Er dreht den Kopf von einer Seite zur anderen. Wenn man den Kopf in eine andere Position bewegt, ändert man damit auch die Perspektive seiner Augen, was sie sehen können. In dieser Hinsicht zeigt die Flexibilität des Halses die Flexibilität einer anderen Perspektive. Die Einschränkung in der Bewegung ist ein hervorragender Anhaltspunkt dafür, wo man aus seiner Sicht zu starr ist.

Starrer oder steifer Nacken - Man möchte nicht aus einer anderen Perspektive sehen. Man ist nicht flexibel in seiner Sichtweise.

Rücken oder Wirbelsäule:

Rückenproblem - Der Rücken ist das Unterstützungssystem. Probleme in diesem Bereich deuten darauf hin, dass man das Gefühl hat, keine Unterstützung zu haben, oder dass man bei seinen Bemühungen nicht unterstützt wird. Dies kann die Unterstützung eines geliebten Menschen oder sogar des Universums sein. Vielleicht bedeutet es aber auch, dass man eine große Last trägt.

Der untere Rücken zeigt an, dass der Mangel an Unterstützung die „Basis" des Problems ist. Da der untere Rücken einen aufrecht hält, kann dies auch auf einen Mangel an Unterstützung hinweisen.

Der mittlere Rücken ist mit dem Solarplexus-Chakra verbunden, das die Kraftzone darstellt. Daher deuten die hier aufgeführten Probleme darauf hin, dass man in seine eigene Kraft einsteigen muss.

Die Verspannungen im oberen Rücken / Nacken und in den Schultern stellen die Probleme oder Belastungen durch andere Menschen dar. Man hat das Gefühl, die ganze Welt auf seinen Schultern zu tragen.

Es kann auch bedeuten, nicht in der Lage zu sein, „für sich selbst einzustehen". Nicht zu wollen oder „Stellung zu beziehen".

Skoliose - In seinen Überzeugungen oder Sichtweisen „wunschhaft, verwaschen" zu sein und nicht für sich selbst „einzustehen". In einer Demonstrationssitzung der QHHT-Klassen wurde herausgefunden, dass eine Person Skoliose hatte, weil sie sich ihrer Mutter nicht widersetzen konnte oder wollte.

Buckel oder abgerundeter Rücken - „verbeugen", sich unter dem Druck anderer zu fühlen. Wieder nicht für sich selbst einzustehen.

Degeneration der Wirbelsäule - Erodieren des eigenen Willens, für etwas oder irgendetwas oder für sich selbst zu stehen. Sich selbst als „entartet" betrachten.

Dolores Cannon hatte eine sehr interessante Sitzung mit einer Klientin, deren Nackenknochen so stark degeneriert waren, dass sie ständig Schmerzen hatte, und der Arzt plante, in einer Operation alle Knochen in ihrem Nacken zu verschmelzen.

Sie wurde in ein anderes Leben geführt, in dem sie mit einem sehr dominanten und grausamen Mann verheiratet war. Sie liebte zutiefst einen anderen Mann. Ihr Ehemann fand das jedoch heraus. Während er sie erhängte, schrie er sie an, dass sie „entartet" sei. Es konnte herausgefunden werden, dass dieser Mann in ihrem jetzigen Leben ihr Ex-Ehemann war. Jetzt lebte sie in einer Beziehung mit einem Mann, der ihr Geliebter in dem anderen Leben gewesen ist. Weil sie bei ihm lebte und nicht mit ihm verheiratet war, hatte sie das gleiche Gefühl, nämlich „entartet" zu sein. Die Ursache war der Tod an dem sie starb, während sie als entartet bezeichnet wurde. Dies erzeugte die gegenwärtige körperliche Auswirkung, dass die Knochen des Halses erodierten (oder degenerierten, wie vom Arzt angegeben). Ursachen wie diese, in denen die Symptome aus einem anderen Leben übernommen werden, können leicht behoben werden, wenn die Ursache gefunden wird. Denn dann können die Körpersymptome aus der Vergangenheit in dem anderen Leben belassen werden.

Kapitel 14

Das Nervensystem

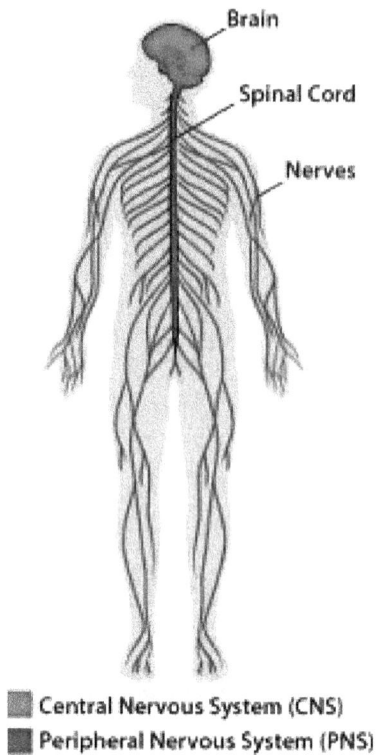

Brain

Spinal Cord

Nerves

■ Central Nervous System (CNS)
■ Peripheral Nervous System (PNS)

Das Nervensystem ist ein Organsystem, das ein Netzwerk spezialisierter Zellen, sogenannte Neuronen, enthält, die die Handlungen eines Menschen koordinieren und Signale zwischen verschiedenen Teilen seines Körpers übertragen. Das Nervensystem, bestehend aus Gehirn, Rückenmark und Nerven, ist ein sehr komplexes System. Für unsere Betrachtungen jedoch ist es lediglich erforderlich, die Gesamtleistung des Systems und seiner Hauptteile zu verstehen.

Das Gehirn

Das menschliche Gehirn ist das Zentrum des menschlichen Nervensystems. Es überwacht und reguliert die Aktionen und Reaktionen des Körpers. Es empfängt kontinuierlich sensorische Informationen, analysiert diese Daten schnell und reagiert dann entsprechend, während es körperliche Handlungen und Funktionen kontrolliert.

Ich habe eine ganze Weile gebraucht, um zu verstehen, was Probleme im Gehirn bedeuten könnten. Dolores Cannon hatte bisher noch keinen Klienten mit dieser Art von Problemen getroffen, aber da ich den Körper als ein ganzes System betrachte, ist es meiner Meinung nach wichtig, auch diesen Teil des Körpers anzusprechen. Körperliche Probleme, die im Gehirn vorkommen sind - Tumore, Aneurysmen (Blutungen), Blutgerinnsel, um nur einige zu nennen. Bei einer Meditation, in der ich eine hellweiße Lichtsäule visualisierte, die durch mein Kronen Chakra meinen Körper durchströmte (mehr zu den Chakren in Kapitel 19) hatte ich eine Eingebung. Als das Licht zu meinem dritten Augen Chakra gelangte, kam mir der Gedanke, dass Probleme des Gehirns mit diesem Chakra zu tun haben. Das dritte Augen Chakra hat mit der Intuition und der Entwicklung der höheren psychischen Fähigkeiten zu tun. Dementsprechend müssen wir uns genau anschauen, was die Krankheit ist, um die Botschaft zu verstehen. Blutgerinnsel könnten demnach eine „Blockade" innerhalb des Systems darstellen und den Fluss nicht zulassen. Ein Aneurysmas oder eine Blutung im Gehirn verursachen großen Druck. Könnte also die Botschaft großen Druck auf die Entwicklung dieser Fähigkeiten ausüben oder den Verlust der Kontrolle widerspiegeln? Krebstumore stellen unterdrückten Ärger dar, so dass ein Tumor in diesem Bereich bedeuten könnte, dass es ein Mangel an Selbstvertrauen in die eigene Intuition gibt. Irgendwie ergibt diese Deutung für mich nicht so richtig Sinn, aber genau diese Eingebung hatte ich während meiner

Meditation. Vielleicht gibt es einen inneren Groll gegen andere und ihre Fähigkeiten oder gegen das Selbst, wenn man sich nicht entwickelt oder nicht zuhört und dergleichen.

Das Gehirn ist der Sitz des dritten Augen Chakras, in dem sich die Zirbeldrüse befindet. Dieser Bereich ist die Tür (oder das Tor) zu einem höherdimensionalem Verständnis oder psychischen Fähigkeiten. Daher mein Entschluss, mich etwas näher mit dieser kleinen Drüse zu beschäftigen, weil ihr scheinbar eine wichtige Rolle in diesem System zukommt. Es handelt sich dabei, und das ist die grundlegende „physikalische" Information, um eine erbsengroße Drüse im Zentrum des Gehirns, die Melatonin produziert, ein Hormon, das die Modulation von Wach- / Schlafmustern und saisonalen Funktionen beeinflusst. Hierzu habe ich auf der Website viewzone.com einen sehr interessanten Artikel von Gary Vey gefunden. Hier ein kurzer Auszug der erklärt, woher ihr Ruf kommt:

Obwohl allgemein Descartes zugeschrieben, war die Idee, dass die Zirbeldrüse das Schnittstellenorgan ist, durch das der Geist des Menschen Zugang zum menschlichen Körper erhält und ihn belebt, die Idee eines griechischen Arztes namens Herophilus. Dreihundert Jahre vor Christus sezierte Herophilus [im Bild rechts] Leichen und dokumentierte, was er beobachtete. Seine Spezialgebiete waren das Fortpflanzungssystem und das Gehirn.

Vor Herophilus glaubten die Menschen, das „Exekutivbüro" des menschlichen Bewusstseins sei das Herz. Ägyptischen Mumien wurden ihre Herzen sorgfältig einbalsamiert und konserviert, während ihr Gehirn durch ihre Nasengänge entfernt und kurzerhand weggeworfen wurde. Aber Herophilus wusste, dass das Gehirn das Kontrollzentrum war und er fuhr fort, zwischen den verschiedenen Teilen des Gehirns zu unterscheiden und beurteilte die verschiedenen damit verbundenen Verhaltensweisen, die mit ihnen verbunden sind.

Herophilus bemerkte, dass die kleine Zirbeldrüsenstruktur im Gegensatz zu anderen Gehirnmerkmalen, die sich in der linken und rechten Hemisphäre widerspiegeln, einzigartig war. Es ist die erste Drüse, die sich innerhalb von 3 Wochen, im Fötus unterscheidbar bildet. Die Zirbeldrüse hat die beste Blut-, Sauerstoff- und Nährstoffversorgung in der gesamten menschlichen Anatomie, danach erst, an zweiter Stelle, werden unsere Nieren (deren Aufgabe es ist, das Blut von Verunreinigungen zu filtern) beliefert. Aufgrund dieser einzigartigen und besonderen anatomischen Konfiguration zog Herophilus zu Recht den Schluss, dass sie eine wichtige Rolle im Bewusstsein spielt und das Tor zu unserem wahren Selbst ist.

Später in diesem Artikel:

Im Jahr 1958 entdeckte Aaron Lerner Melatonin, ein wichtiges Molekül in der Zirbeldrüse, das von einem anderen gemeinsamen Neurotransmitter produziert wird, Serotonin. Er hat auch die Tatsache bestätigt, dass die Produktion von Melatonin variiert, während des Tages stoppt und kurz nach Einbruch der Dunkelheit wieder hochfährt. Melatonin, erfuhr er, war dafür verantwortlich, uns zu entspannen und uns in den Schlaf „zu wiegen".

Für eine Weile war nicht bekannt, wie diese kleine Drüse, tief in der Mitte des menschlichen Gehirns begraben, Licht oder Dunkelheit unterscheiden konnte. Aber es wurde später entdeckt, dass es eine Verbindung von der Zirbeldrüse zur Netzhaut gab, die, seltsam genug, auch Melatonin enthält. In kürzester Zeit wurde die Zirbeldrüse als „drittes Auge" und, wegen seiner Lage an einer der sieben Chakren, das als Zentrum der geistigen und psychischen Energie galt, bekannt.

In einem anderen Artikel heißt es, dass eine erwachte Zirbeldrüse die Fähigkeit mit sich bringt, bewusst astral reisen zu können, andere Dimensionen zu erkunden, die Zukunft vorauszusehen und Mitteilungen von liebevollen dimensionalen Wesen zu erhalten. Es scheint also, dass Menschen visionäre Wesen sein können und in der Lage sind, Informationen aus anderen Dimensionen zu erschließen. Diese dimensionale Wahrnehmung transzendiert das Ego und heilt unsere Leiden, Konflikte und damit unser Karma.

Rückenmark

Das **Rückenmark** ist der Hauptweg für Informationen, die das Gehirn und das periphere Nervensystem verbinden. Es ist im Grunde ein Botschaften-Vermittlungs-System. Alle Botschaften, die vom Gehirn zum Körper hin und her gesendet werden, müssen dieses Kommunikationssystem verwenden. Macht es nicht Sinn, dass eine Fehlfunktion in diesem Bereich mit der Kommunikation und dem Senden und Empfangen seiner Botschaften zu tun hat? Ich habe erfahren, dass dies damit zusammenhängt, wie man Botschaften an sich selbst sendet und empfängt. So kann man bestimmen, inwieweit die Botschaften durch das, was im Rückenmark und in den Nerven geschieht, vereitelt werden. Eine vollständige Abtrennung kann auf eine vollständige Trennung der Verbindung zu sich selbst hinweisen, wenn man die Botschaften übermittelt. Die Botschaften werden entweder gar nicht oder nur stark verzerrt empfangen.

Nerven

Ein peripherer Nerv, oder einfach Nerv, ist ein geschlossenes, kabelartiges Bündel peripherer Axone (die langen, schlanken Projektionen von Neuronen). Ein Nerv bietet einen gemeinsamen Weg für die elektrochemischen Nervenimpulse, die entlang der Axone übertragen werden.

Die **Nerven und das Rückenmark** sind ein riesiges Nachrichtensystem, da sie Botschaften zum und vom Gehirn und Körper übertragen.

Erkrankungen des Nervensystems haben oftmals damit zu tun, dass zu viel Energie in den Körper geraten ist. Unter normalen Umständen gelangt die Energie in Form eines Trichters in das Kronen Chakra. Wenn ich mir jemanden mit einer Störung des Nervensystems energetisch angeschaut habe, war zu sehen, dass die Energie wie eine Säule hereinströmt, die die Person vollständig umhüllt. Als ich diesen Vorgang zum ersten Mal sah, spürte ich einen energetischen Überschuss. Ich habe intuitiv erfahren, dass die Person, als sie in dieses Leben geboren wurde, sagte: „Her mit meiner Energie!" Viele von uns überschätzen die Fähigkeit des menschlichen Körpers, die Energie zu tragen. Wenn wir uns auf der Seelen Seite befinden und unser wahres Selbst sind, sind wir reine Energie. Wir kommen in diesen menschlichen Körper und tragen unsere Energie, um anderen zu helfen, unser Karma auszuarbeiten oder beides. Wir haben hohe Ambitionen in Bezug auf das, was wir hier erreichen möchten und verlangen mehr, als wir eigentlich bewältigen können. Da es das Gesetz des freien Willens und der Nichteinmischung gibt, kann nichts für uns von unserem höherem Selbst oder unserem Geistesführer getan werden, es sei denn wir fragen explizit danach. Das Ergebnis ist mehr Energie, als der Körper zu diesem Zeitpunkt verarbeiten kann, es kommt zu Kurzschlüssen und „Überlastungen" des Systems. Situationen, in denen diese Arten von Problematiken auftraten, wurden oftmals als Epilepsie und Alzheimer diagnostiziert.

Eine häufige Ursache, die als Störung im Zusammenhang mit dem Nervensystem auftritt, ist das Festhalten seiner Wut. Beispielhaft sei hier ein Klient erwähnt, der sich an so viel Ärger festhielt, dass es „ihn förmlich auffrisst". In einer QHHT Sitzung sagte das höhere Selbst, dass der Klient lähmende Symptome aufweist. Sein Körper „empfängt" die Botschaften nicht. Wie im vorigen Absatz gibt es auch hier eine Art „Kurzschluss" im Botschaften-Vermittlungssystem. Ich fand es in diesem Zusammenhang höchst interessant, dass jeder Versuch, diesem Klient die Aufzeichnung seiner Sitzung zu senden, fehlschlug und wir sie ihm schließlich persönlich übergeben mussten. Wieder - die Botschaften wurden nicht empfangen. Ähnliches würde bei der Diagnose Multiple Sklerose und Muskeldystrophie geschehen. Die Botschaften werden nicht empfangen.

Ich liste einige andere Körperteile in diesem System auf und was sie mit ihren Botschaften versuchen anzuzeigen. Ebenso wie in anderen Abschnitten ist die Aufstellung aller Körperteile und aller möglichen Beschwerden nicht umfassend. Es ist auch nicht der Zweck dieses Buches. Das Wichtigste ist, den Prozess der Körperbotschaften zu verstehen. Sobald man die allgemeinen Botschaften des entsprechenden Bereichs verstanden hat, kann man selbst ableiten, was das Unterbewusstsein oder das höhere Selbst durch den Körper zu sagen versucht.

Kopf:
Kopfschmerzen (schwere Migräne) – In unzähligen QHHT Sitzungen kristallisierte sich heraus, dass die häufigsten Kopfschmerzen aus vergangenen Leben resultieren, möglicherweise wie man in einem anderen Leben gestorben ist, beispielhaft sei hier durch einen Schlag auf den Kopf genannt. Wenn man reflektiert wann die Kopfschmerzen begannen und was zu dieser Zeit los war, besteht unter Umständen eine Verbindung zu einem ähnlichen Zeitraum oder einer ähnlichen Situation in einem anderen Leben.

Kopfschmerzen können aber auch Druck oder Stress aus Situationen in diesem Leben sein.

Demenz (extrem) (Alzheimer) - das allmähliche Verlassen der körpereigenen Energie. Die Person möchte gehen, tut dies jedoch schrittweise, durchaus um den Angehörigen dabei zu helfen, sich auf den möglichen Tod einzustellen.

Es gibt einige Fälle, bei denen Alzheimer diagnostiziert wurde, die jedoch nur eine Überlastung der einfallenden Energie waren. Wenn Anweisungen erfolgten, die Energie zu senken, wurden die Symptome gelindert und die Körpersysteme normalisierten sich innerhalb eines Zeitraums von sechs Monaten. Diese Anforderung erfolgt auf ätherischer Ebene durch eine Thetaheilung. Manchmal kann man die Energie der anderen Person „lenken" und spüren, wo sich die Energie befindet und was genau sie tut. Der Klient selbst kann ebenfalls fühlen, wie und wann die Energie nachlässt.

Hirntumor - tiefsitzende Wut auf sich selbst durch wütende und daraus resultierende Gedanken. Groll oder Ärger über die eigene Entwicklung oder den vermeintlichen Mangel an psychischen Fähigkeiten. Dolores Cannon, hat in ihren Sitzungen diesbezüglich erfahren, dass diese Menschen ihre Fähigkeiten nicht entwickeln dürfen, aber ich habe ein Problem mit „nicht dürfen". Vielleicht hat man Menschen oder Situationen in seinem Leben, die es erschweren, bestimmte Dinge zu tun, aber ich fühle, dass der Akt des Zulassens von einem selbst kommt. Vielleicht hat man das Gefühl, dass man etwas nicht darf, aber wie kann man in einer Welt der spirituellen und psychischen Entwicklung jemanden davon abbringen, Dinge zu tun, die die eigene Entwicklung unterstützen? Ich kann verstehen, dass es in einigen Ländern und Kulturen schwerwiegende Konsequenzen für solche Dinge gibt, und diese können mildernde Umstände sein, aber zum größten Teil dürfen wir unsere „Arbeit" im Stillen durchführen und können sie für uns behalten, wenn es erforderlich ist.

Nervenstörungen (Stress, Sorgen) - Diese spezifischen Störungen entstehen aus der Angst vor dem Unbekannten. Man hat das Gefühl, dass man den Ausgang aller Ereignisse kennen muss. Sorge ist der Mangel an Vertrauen in jemanden oder etwas - höchstwahrscheinlich in sich selbst. Da es schwierig ist, die Umstände auf seine eigene Art und Weise zu entfalten, werden Körper und Geist mit einer Überladung von Reizen belastet, die versuchen, das Ergebnis vorherzusehen oder zu kontrollieren.

Das höhere Selbst verschiedener Klienten teilte in Sitzungen während der Thetaheilung mit, dass Stress dem Körper schwere Schäden zufügt. Die Symptome können Körperbotschaften sein und bedeuten, dass man auf seine innere Stimme hören sollte. Durch das Zuhören, erhält man alle Informationen die man benötigt, um mit sich selbst im Gleichgewicht und in Harmonie zu sein.

Depression – Man versucht sich zurückzuziehen oder zu entkommen.

Bipolare Störung - Dies ist eine extremere Form der Depression, also ein größerer Rückzug oder eine stärkere Art von Flucht.

Kapitel 15

Das Fortpflanzungssystem

Das Fortpflanzungssystem oder das Genitalsystem ist ein System von Organen innerhalb eines Organismus, die zum Zwecke der Fortpflanzung zusammenarbeiten.

Geschlechtsorgane weiblich:

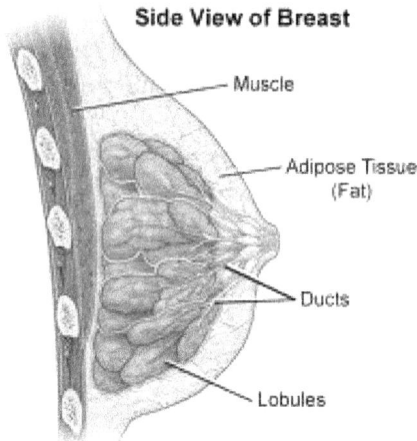

Side View of Breast
- Muscle
- Adipose Tissue (Fat)
- Ducts
- Lobules

Brust

Der Hauptzweck der Brüste besteht darin, seine Sprösslinge zu ernähren. Probleme in diesem Bereich können daher etwas mit dem Stillen oder der Fürsorge zu tun haben. Das Problem ist in der Regel demnach ein Mangel an Pflege oder Betreuung. Dies ist das

Pflegezentrum und weist häufig auf Probleme mit Eltern und oder Ehepartnern hin. Wenn man sich nicht geliebt oder umsorgt fühlt, kann es in diesem Bereich zu Botschaften kommen, die loslassen bedeuten. Es ist auch möglich, dass man nicht in der Lage ist, Liebe zu zeigen oder zu geben. Dies kann durchaus auf eine Unfähigkeit hinweisen, etwas zu lieben oder zu pflegen.

In einer der QHHT-Sitzungen stellte sich heraus, dass die Laktoseintoleranz einer Klientin darauf zurückzuführen war, dass sie sich von ihrer Mutter nicht geliebt und umsorgt fühlte. Es erstaunt mich immer wieder, wie wörtlich die Botschaften sein können.

Brustkrebs - Ärger darüber, nicht umsorgt zu werden oder niemanden zu haben, den man umsorgen kann. Je nachdem welche Brustseite den Krebs aufweist (links oder rechts) wird gezeigt, ob es um das Jetzt oder eine Situation in der Vergangenheit geht.

In einer der Sitzungen von Dolores Cannon kamen die folgenden Informationen von dem höheren Selbst in Bezug eines Wachstums in der Brust ihrer Klientin:

A: Sie hegt den Wunsch, alle Welpen und Babys zu retten, ihnen Sicherheit zu geben oder sie zu pflegen. Wenn ihnen etwas passiert, und sie glaubt es hätte verhindern zu können, hält sie diese Schuld im Inneren fest. Sie muss lernen, diesen Teil loszulassen. Die Pflege ist das Beste was sie ihnen gibt und was sie machen kann. Sie muss lernen, dass sie nicht alle Babys und alle Welpen der Welt retten kann.

D: Hat das all die Probleme in ihrer Brust verursacht, bevor sie das erste Mal operiert wurde?

A: Teil dessen, was Annette sich in diesem Leben vornahm, waren die vielen verschiedenen Möglichkeiten die sich ihr eröffneten. Obwohl diese nicht eintrafen, war es eine ihrer körperlichen Reaktion, die sich manifestierte. Sie spürt ein gewisses Gefühl der Unzulänglichkeit für andere zu sorgen. Dieses Gefühl muss sie loslassen.

D: Was ist mit den Medikamenten, die sie genommen hat und noch nehmen muss?

A: In den meisten Fällen werden sie nicht benötigt. Manchmal sind sie jedoch nützlich, um den Körper in eine bestimmte Richtung zu steuern, und in der Folge kann der Körper wieder davon entwöhnt werden. Sehr selten brauchen die Menschen diese Medikamente tatsächlich für die gesamte Zeit, für die sie ihnen verschrieben werden.

D: Die Ärzte wollen sie operieren.

A: Sie braucht es nicht. Es ist ein gesundes Organ.

D: Die Ärzte wollen die Produktion von Östrogen stoppen, weil sie der Meinung sind, dass dies zu übermäßigen Uterusblutungen führt.

A: Sie handeln aus Angst. Es ist nur ein natürlicher Teil dessen, was sie durchmachen muss. Wir versuchen, diesen Teil ihres Lebens zu beschleunigen, damit wir tatsächlich das Östrogen in ihrem Körper auf unsere Weise reduzieren können. Wir werden es jetzt gleich auf eine natürliche Weise tun. Was die Ärzte vorschlagen, würde die natürliche Produktion stoppen und somit nur noch mehr Schaden anrichten. Der einzige Vorteil einer weiteren Operation wäre, dass sie sich danach ausruhen und von der Arbeit frei nehmen könnte.

D: Dies ist nicht der beste Weg, um sich auszuruhen, nicht wahr?

A: Sie wird Bedenken haben, die Medikamente einzunehmen. Wir werden sie neutralisieren, damit diese sicher aus dem System gespült werden können, aber in der Zwischenzeit muss sie nach etwas Ausschau halten, das sie auf natürliche Weise begleitet und die gleichen Auswirkungen auf ihren Körper hat, sodass sie die Medikamente zum Jahresende nicht mehr braucht.

Dann wurde ein Körperscan durchgeführt. Ein Körperscan ist der Ort, an dem das höhere Selbst den Körper wie ein Röntgenbild energetisch durchschaut und in der Lage ist zu sehen, wie die Organe und Körperteile aussehen und ob sie Aufmerksamkeit benötigen.

A: Ich glaube, dass dies in ihrer Gebärmutter der Fall ist, es handelt sich um ein Myom auf der rechten Seite. Sie muss nur loslassen. Sie hat daran festgehalten, vielleicht noch ein Kind zu haben und hat ihren karmischen Vertrag jedoch bereits erfüllt.

D: Uns wurde vorher gesagt, dass die Myome ungeborene Kinder darstellen. (ja) Aber sie braucht sie dort nicht.

A: Nein, das ist ein Teil der Blutung.

Das Unterbewusstsein löste dann den Tumor auf. Es wurde erklärt, dass alles durch die heilende Energie erledigt worden ist. „Wir haben den Myom Tumor von der Gebärmutterwand entfernt und dann mit dem Auflösungsprozess begonnen. Sie mag von Zeit zu Zeit am nächsten oder zweiten Tag ein Kribbeln und vielleicht ein bisschen Blut spüren, aber es wird ihr gut gehen. Sie soll sich keine Sorgen machen."

D: Wird es nicht mehr zurückkommen?
A: Nein, es ist nicht mehr nötig.

(Die Heilung des Körpers war komplett.)

Weiblicher Fortpflanzungsapparat

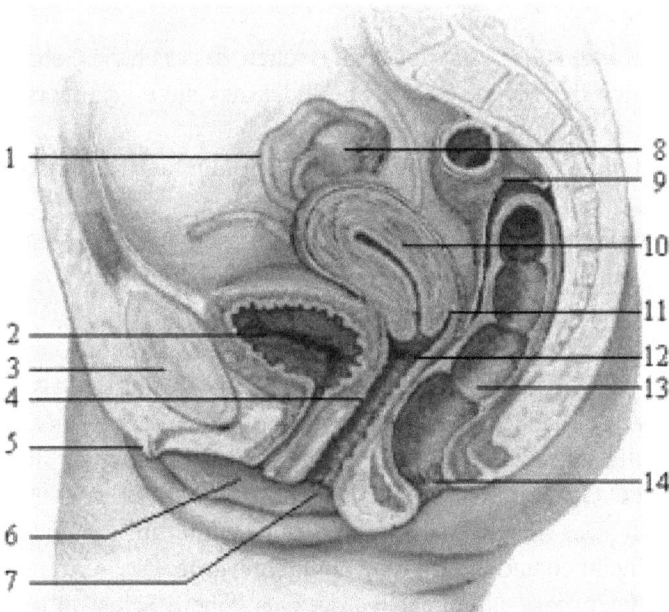

1: Eileiter, 2: Blase, 3: Schambein, 4: G-Punkt, 5: Klitoris, 6: Harnröhre, 7: Vagina, 8: Eierstock, 9: Sigma, 10: Gebärmutter, 11: Scheidengewölbe, 12 : Gebärmutterhals, 13: Mastdarm, 14: Anus

Die Gebärmutter oder der Mutterleib ist ein wichtiges weibliches hormonempfindliches Geschlechtsorgan und dient der Fortpflanzung der meisten Säugetiere, einschließlich des Menschen. In der Gebärmutter entwickelt sich der Fötus während der Schwangerschaft.

Uterus:

Die Gebärmutter (oder die Fortpflanzungsorgane im Allgemeinen) ist die kreative oder weibliche Kraftzone. Hier werden Leben geschaffen und geschützt, bis sie bereit sind, für die Außenwelt. Alle Probleme in diesem Bereich betreffen die eigene Kreativität und / oder die persönliche Stärke, sie können durchaus auf Zurückhaltung hinweisen, seine weiblichen Qualitäten und Ausdrucksweisen zu akzeptieren, aber auch auf Schuldgefühle und / oder Angst im Ausdruck der weiblichen Qualität hindeuten. Man fühlt sich nicht kreativ. Es kann gleichfalls darauf hinweisen, dass man den Wunsch verspürt Kinder zu haben oder sich wegen verlorener Schwangerschaften schuldig fühlt.

Im Kapitel über Chakren ist zu ersehen, dass sich die Gebärmutter im Bereich des Sakral Chakras befindet, das die eigene persönliche Kraft steuert.

Im Folgenden sind einige Erklärungen aufgeführt, die sich aus den Sitzungen von Dolores Cannon ergeben haben:

Bei einer Frau, die übermäßige Blutungen aus der Gebärmutter hatte, wollten die Ärzte operieren. Vor vielen Jahren unterzog sie sich einer Abtreibung, die sie nie losgelassen hatte. Das Unterbewusstsein (oder höhere Selbst) sagte, dass der Körper um das ungeborene Kind trauert und weint, was sich als Blutung manifestierte. Das höhere Selbst verdeutlichte den Zellen der Gebärmutter, dass es nicht länger notwendig sei, um das verlorene Kind zu weinen bzw. zu bluten. Es füllte die Gebärmutter mit heilendem Licht und der Stimme der Vernunft. Das höhere Selbst teilte der Klientin mit, dass die Zellen dies aufnehmen und die Blutung aufhören würde. Das verlorene Kind wusste jetzt, dass es geliebt wurde. Das höhere Selbst fuhr fort zu erklären, dass ihr Körper jetzt nunmehr seinen normalen Zyklus durchlaufen und dann in drei Jahren in die Wechseljahre gehen würde. Ebenfalls könne es der Person immer helfen, wieder zu Gleichgewicht und Harmonie zurückzufinden, wenn sie dies akzeptiert.

In einer anderen Sitzung:

Eine Frau mit Endometriose kam zu Dolores Cannon und die Ärzte wollten eine Hysterektomie durchführen. Sie ging in ein Leben, in dem sie ein reicher Sklavenhalter war, der viele Frauen zu seinem eigenen Vergnügen missbrauchte und misshandelte. Ihr Körper bezahlte jetzt die karmischen Schulden mit Problemen in den weiblichen Organen.

In diesem Fall ist die Situation karmisch. Mit anderen Worten, eine Schuld wird zurückgezahlt, so dass die Heilung, die geschehen darf, begrenzt ist. Sobald der Klient den Grund / die Ursache einer Situation kennt, ist er in der Regel besser in der Lage, die Situation zu akzeptieren. Es gibt andere Dinge, die in diesen Situationen getan werden können, um Erleichterung zu bringen. Wir werden sie in den letzten Kapiteln diskutieren.

Geschlechtsorgane männlich:

Männlicher Fortpflanzungsapparat

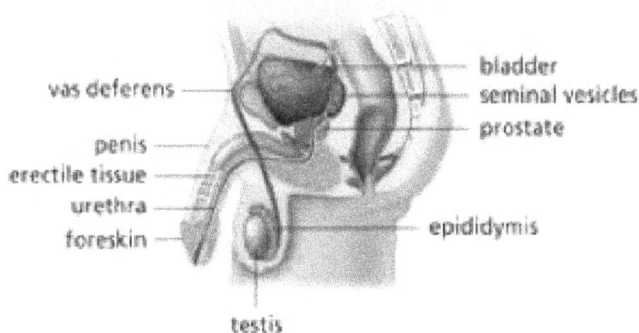

Penis:

Der Penis ist ein biologisches Merkmal männlicher Säugetiere. Es ist ein Fortpflanzungsorgan, das bei plazentaren Säugetieren zusätzlich als Ductus urinalis dient.

Prostata und männliche Genitalien:

Die männlichen Geschlechts- / Fortpflanzungsorgane repräsentieren die Männlichkeit des Mannes. Sie sind die männliche

Machtzone. Probleme in diesem Bereich können auf Probleme mit der eigenen Sexualität und seinem persönlichen Machtgefühl hinweisen. Vielleicht hat man Angst davor, sich so zu zeigen, wie man wirklich ist. Es besteht die Befürchtung, dass man mit der Macht / Verantwortung nicht umgehen kann. Vielleicht hat man seine Macht in einer anderen Zeit oder in einem anderen Leben missbraucht. In gewisser Weise betritt man aus irgendeinem Grund nicht seine wahre Männlichkeit. Vielleicht fühlt man sich mit seiner Rolle im gegenwärtigen Leben nicht wohl. Probleme in diesem Bereich können aber auch darauf hindeuten, dass man entweder nicht genug oder zu viel Sex hatte. Es ist ebenfalls möglich, dass man in einem anderen Leben ein Zölibats- Gelübde abgelegt hatte.

Ein weiterer Grund für Probleme im Prostatabereich ist in diesem Auszug aus einer Sitzung von Dolores Cannon angegeben:

Mark besuchte Dolores Cannon für eine Sitzung. Er war besorgt, dass etwas mit seiner Prostata nicht stimmte. Die Ärzte offenbarten, es sei Krebs. Als das höhere Selbst sich den Körper anschaute, sagte es, dass dort etwas nicht stimmte. „Es ist ein Prozess, indem sich die Toxizität durch den männlichen Körper bewegt und die Tendenz hat, sich in der Prostata niederzulassen, was beim Wasserlassen Probleme bereitet. Jedes Mal wenn er Wasser lässt, fühlt er, dass etwas blockiert.

D: Die Ärzte wollen operieren.
M: Ja, ihm wurde geraten, eine Biopsie zu machen.
D: Was denkst du?
M: Ich denke, sein Prozess ist in Ordnung, die Dinge die er tut, um die
    Gesundheit zu erhalten, sind in Ordnung.

Ich fragte, ob das höhere Selbst irgendetwas reinigen könne, was gereinigt werden müsse, oder ob der Körper es auf natürliche Weise tun könne. „Ich kann es reinigen ... kann diesen Reinigungsprozess unterstützen."

D: Es wird nur die Toxizität beseitigt und der Teil, der davon negativ
    ist. Ist das sinnvoll?
M: Es ist nicht wirklich eine positive oder negative Sache. Es sind
    teilweise Glaubenssysteme. Das System kann gereinigt werden

und die Toxika in das Nichts zurückbringen, aus dem es gekommen ist.

D: Bei einer Wiedervorstellung beim Arzt wird der Arzt nichts finden, oder?

M: Nein, wie bei jedem anderen sind auch die Glaubenssätze des Arztes Belehrungen. Es ist immer eine Herausforderung, diese zu ändern.

D: Das stimmt, aber vielleicht hilft es ihnen, wenn sie etwas sehen, das sie nicht verstehen.

M: Es wäre eine Gelegenheit, sozusagen ein Erlaubnisschein. (Wir lachten beide.)

Kapitel 16

Das Atmungssystem

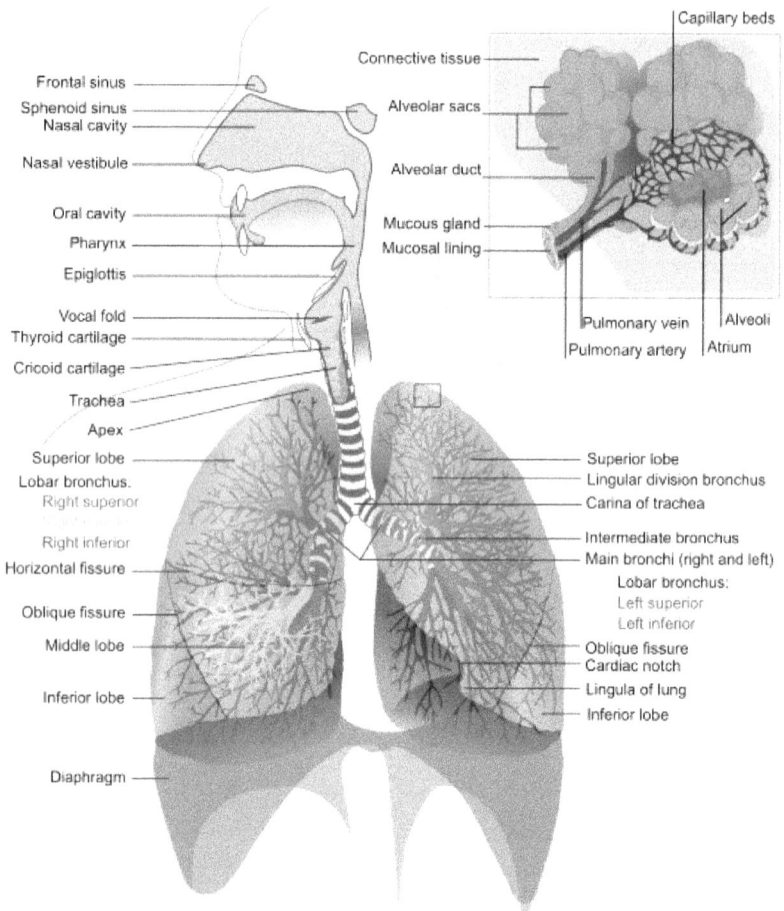

Frontal sinus —
Sphenoid sinus —
Nasal cavity —
Nasal vestibule —
Oral cavity —
Pharynx —
Epiglottis —
Vocal fold —
Thyroid cartilage —
Cricoid cartilage —
Trachea —
Apex —
Superior lobe —
Lobar bronchus.
Right superior
Right inferior
Horizontal fissure —
Oblique fissure —
Middle lobe —
Inferior lobe —
Diaphragm —

Capillary beds
Connective tissue —
Alveolar sacs —
Alveolar duct —
Mucous gland —
Mucosal lining —
Pulmonary vein | Alveoli
Pulmonary artery | Atrium
— Superior lobe
— Lingular division bronchus
— Carina of trachea
— Intermediate bronchus
— Main bronchi (right and left)
Lobar bronchus:
Left superior
Left inferior
— Oblique fissure
Cardiac notch
— Lingula of lung
— Inferior lobe

Das Atmungssystem ist das anatomische System eines Organismus, das Atemgase in den Innenraum einleitet und den Gasaustausch durchführt. Bei Menschen und anderen Säugetieren gehören zu den anatomischen Merkmalen des Atmungssystems die Atemwege, die Lunge und die Atemmuskulatur.

Lunge:

Die Lunge ist lebenswichtig für das Überleben des Körpers. Das Atmungssystem bringt die notwendigen Gase in den Körper, um vom Blut zu allen Zellen transportiert zu werden. Ohne die Fähigkeit, Luft (oder Sauerstoff) in den Körper zu bringen, würde der Körper sterben. Aufgrund der Funktionsweise der Lunge für den Körper ist ihre metaphysische Bedeutung für empfangene Botschaften leicht zu verstehen.

Die Lunge ist der „Atem des Lebens". Im „Fluss des Lebens" sein. Probleme mit der Lunge weisen auf die Angst vor dem „Leben" hin. Ein Verlust der Freude im eigenen Leben. Es gibt kein Leben in deinem Leben. Man versucht, das Leben zu stoppen. Mit anderen Worten, man will nicht leben.

Lungenkrebs - Ärger über eine Lebenssituation. Ich will nicht leben.

Sinusitis? - Probleme, insbesondere Druck, in diesem Bereich deuten auf Druck von jemandem in der Nähe hin. Ich habe immer wieder festgestellt, dass es von der Person stammt, die einem am nächsten steht. Mit anderen Worten, es ist der Druck den man sich selbst zufügt. Vielleicht hat man Fristen, in denen man seine Projekte abschließen muss, und man übt infolgedessen viel Druck auf sich selbst aus, um alles fristgerecht zu erledigen. Dies kann sich dann als Druck „im Gesicht" manifestieren.

Erkältungen / Grippe – Man ist unentschlossen und muss eine Entscheidung treffen. Man versucht, die Aktion zu verzögern. Es ist auch eine Möglichkeit, dich zur Ruhe zu zwingen.

Asthma (verengt den Luftstrom) – man wird eingeschränkt; man fühlt sich womöglich von Individuen oder Situationen erstickt; Ich darf nicht „atmen". Oft wird man die Ursache oder den Zusammenhang mit Asthma in einem früheren Leben finden. In der Regel hängt es von der Art ab, wie man in einem anderen Leben gestorben ist, beispielsweise durch erwürgen, ertrinken oder andere Arten von Erstickung. Die Rückstände von diesem Tod wurden dann in das gegenwärtige Leben mitgenommen. Sobald die Assoziation gefunden wurde, verschwindet das Asthma.

In einer Sitzung von Dolores Cannon hatte das Unterbewusstsein (das höhere Selbst) folgendes über Asthma zu sagen:

P: Das ist ein Wort, das keinen besonderen Fokus verdient. Ein Großteil davon hängt mit der Entscheidung zusammen, ob man sich beim Geben von Liebe eingeschränkt fühlt. Denn wie er es zu verstehen glaubt, ist er in einem Zustand, in dem er seine Liebe mit anderen teilen kann. Und die soziale Dynamik, Liebe zu geben, erst wenn man jemanden trifft, ist Unsinn. Und das weiß er. Er soll im Hier und Jetzt Liebe geben, in allem und zu allem was er macht.

D: Er glaubt, Asthma ist eine unheilbare Krankheit und hat sie als solche akzeptiert.

P: Das Wort Asthma hat keinen Nutzen mehr für ihn. Dieses Symptom ist jedoch sein Feedback, seine Körperbotschaft. Er entwickelte auch gelegentlich eine Lungenentzündung. Dies war zu einer Zeit, in der er die meiste Liebe zurückhielt, sich festgefahren fühlte und sich damit einschränkte.

Das höhere Selbst begann dann, den Körper zu heilen.

P: Er muss mit sich in Harmonie sein; Er lebt in einem Ungleichgewicht. Das ist eine große Lektion, die er in diesem Leben noch nicht vollständig gelernt hat. (Ein Kommentar von seinem höheren Selbst zur Nahrungsaufnahme) Die effektivste Nahrungskomponente, die er von seiner Diät entfernen kann, ist Käse. Und er mag Käse sehr gerne, also wird er das nicht hören wollen. Milchprodukte speichern zu viel Strahlung in seinem Körper. Sie beinhalten eine enorme Menge an Strahlung. (Das war eine Überraschung!) Kalte Pasteurisierung ist nicht gut.

„Sie" haben wiederholt gesagt, dass lebende Lebensmittel die besten Lebensmittel zum Verzehr sind. Das bedeutet frisches Obst und Gemüse.

Kapitel 17

Das sensorische System

Sehkraft - Augen:

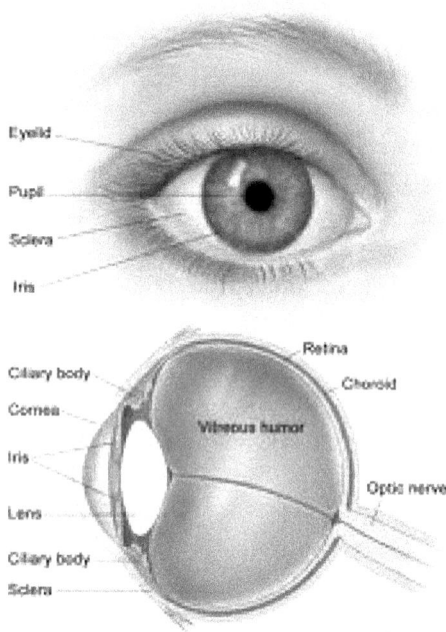

Das menschliche Auge ist ein Organ, das für verschiedene Zwecke auf Licht reagiert. Als bewusstes Sinnesorgan ermöglicht das Auge das Sehen. Stäbchen- und Zapfenzellen in der Netzhaut ermöglichen eine bewusste Lichtwahrnehmung und -sicht einschließlich Farbdifferenzierung und Tiefenwahrnehmung. Das menschliche Auge kann etwa 10 Millionen Farben unterscheiden.

Die Augen werden zum „Sehen" verwendet. Dies kann das Sehen in dieser Dimension oder in anderen oder in seiner Situation im Allgemeinen sein. Das Wort „Sehen" wird oft verwendet, um „Verstehen" anzuzeigen. Aus diesem Grund steckt hinter einer Augenerkrankungen oft, dass man etwas nicht versteht (entweder weil man es nicht sehen/verstehen will oder durch Verwirrtheit. In den meisten Fällen handelt es sich bei dieser Botschaft um eine Variation der Fähigkeit, zu sehen, was vor sich geht.

Verschwommenes Sehen - Bedeutet Angst oder Ablehnung, man möchte seine Situation nicht klar sehen. Verweigerung oder Angst vor dem, was man sehen wird, wenn es klar ist. Man möchte die Realität von dem, was man sieht, sozusagen „erträglicher" machen.

Kurzsichtig (die Fähigkeit, klar aus der Nähe zu sehen, aber nicht aus der Ferne) - Es besteht Angst vor der Zukunft; Angst vor dem, was auf einen zukommt. Oft ist dies eine Warnung, weil in der Gegenwart unangenehme Dinge geschehen sind, demgemäß möchte, man sich vor möglichen „Verletzungen" in der Zukunft schützen. Auf einer unbewussten Ebene wissen wir, dass große Veränderungen bevorstehen und oftmals Angst besteht, sie zu sehen. Auch hier fürchten wir uns vor dem, was wir nicht wissen, und stellen uns auf Veränderungen ein.

Weitsichtig (die Fähigkeit, klar aus der Ferne, aber nicht aus der Nähe zu sehen) - Was möchte man im Moment nicht in seinem Leben sehen? Man hat Angst, seine Situation klar zu sehen. Man denkt, dass die Dinge später besser verlaufen und möchte sich die Situation jetzt nicht wirklich ansehen. Man ist nicht gewillt oder auch zu ängstlich, die Dinge so zu „sehen", wie sie wirklich sind.

Double Vision - eine andere Möglichkeit, sich nicht auf das zu konzentrieren, was direkt vor einem liegt. Man möchte die Realität verzerren, um leichter damit umgehen zu können.

Katarakte - Es kommt zu einer allmählichen Unschärfe oder zum Verblassen seiner Sicht. Dies deutet auf eine stärkere oder beharrlichere Botschaft von etwas oder einer Situation hin, die gesehen werden muss. Das passiert schon seit geraumer Zeit und man hat die Botschaft nicht verstanden.

Glaukom - Ich denke, dies ist eine Ablehnung dessen, was gesehen wird. Nicht zugeben oder damit umgehen wollen, was direkt vor einem ist; ein völliges negieren der Realität, der Situation.

Gehör:

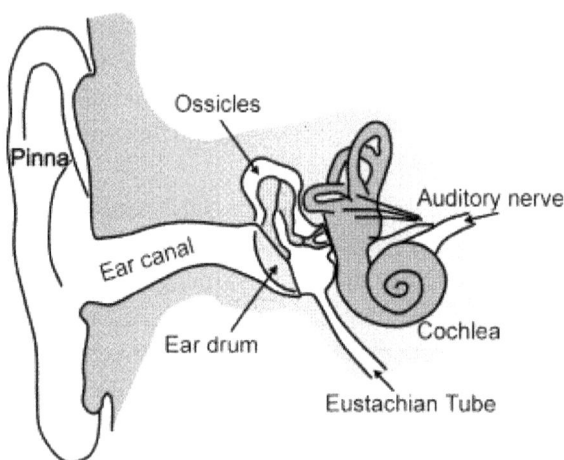

Ohren:
   Die Ohren repräsentieren das Hören. Der genaue Ort und die Art des Problems geben einen deutlicheren Hinweis auf die Problematik. Es kann sich um innere Anweisungen oder um äußere Anweisungen handeln. Wir können sehr starrköpfig sein, denn unsere Geistesführer versuchen ständig mit uns zu kommunizieren. Wenn ich jemanden mit meinem dritten Auge ätherisch anschaue, sehe ich oft Geistesführer und Engel, die sich sehr bemühen gehört zu werden. Mir wurde oft gesagt, dass wir mit unterschiedlichen Ohren zuhören und mit unterschiedlichen Augen sehen müssen. Dies bedeutet, dass wir von unseren internen Sensoren hören und sehen müssen, die nichts mit den physischen Gegenstücken zu tun haben. Diese Gegenstücke werden

verwendet, um die Botschaften zuzustellen. Sie sind, wie ich finde, großartige und eindeutige Symbole für die Botschaften.

Schwerhörigkeit oder Hörverlust - Was möchte man nicht hören? Dies kann jetzt oder in der Vergangenheit sein, je nachdem, auf welcher Seite es sich befindet (links - Vergangenheit; rechts - Gegenwart). Es kann auch ein Widerstand gegen das Hören seiner inneren Stimme sein. Auch die Deutung, dass man nicht auf andere hören mag oder nicht wissen möchte, was zu tun ist, ist möglich. (Ich bin daran schuld.)

Jucken oder Brennen von Ohren - das ist ein Reizmittel für die Ohren und kann negative Selbstgespräche bedeuten oder dass man etwas nicht hören will (vielleicht gibt es etwas sehr irritierendes) in der Vergangenheit oder in der Gegenwart, je nachdem auf welcher Seite sich die Irritation im Ohr befindet. Ein Konflikt in dem, was man hört. Vielleicht stimmt das, was dir jemand sagt, nicht mit dem überein, was du weißt oder siehst.

Klingeln in den Ohren (Tinnitus) - eine Frequenzanpassung - eine Aufforderung, die Frequenz zu erhöhen. Man kann in dieser Situation entweder die Energie ablehnen, oder seine eigene Schwingung erhöhen, um sich auf die Frequenzanpassung einzustimmen. Man erhöht seine Schwingungen, indem man über leichte, hochschwingende Gedanken nachdenkt. „Ich bin ein Teil von Gott" oder „ich bin Licht" oder „ich fliege hoch, hoch, hoch" sind gute kleine Mantras, um die Energie zu erhöhen. Umgekehrt kann man die Energie mit einem visualisierten Uhrenziffernblatt „leiser" (12, 11, 10, 9, 8-1) stellen und sich so lange selbst kalibrieren, bis das Klingeln aufhört. Nachdem ich erfahren hatte, dass es sich um eine Frequenzeinstellung handelt, entschloss ich mich, damit zu experimentieren. Das nächste Mal, als ich in meinem Ohr ein klingeln verspürte (es ist in der Regel in meinem linken Ohr, jedoch nicht immer), entschied ich mich, mir erhebende Gedanken zu machen wie: „Ich bin Teil von Gott" oder „hoch, hoch, hoch." Das Klingeln ließ dann augenblicklich nach. Früher dachte ich, ich würde vielleicht etwas beim Klingeln hören, aber das ist bisher noch nicht passiert. Es verschwindet dann einfach und ich fühle, dass sich meine eigene Frequenz angehoben hat.

Geruch – Nase:

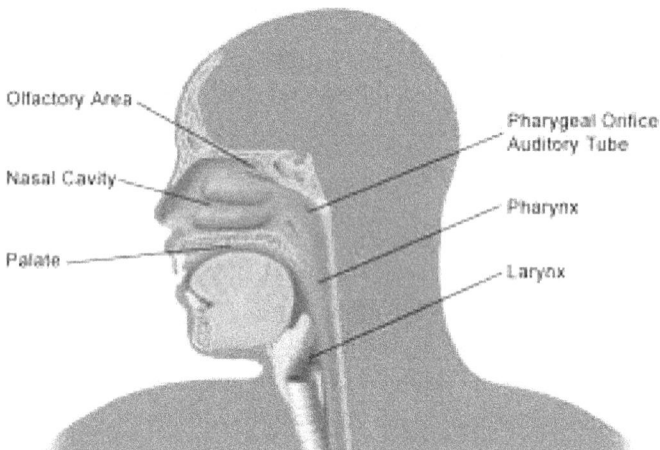

Alles mit der Nase zeigt etwas direkt vor dir an – „die Nase ist direkt auf seinem Gesicht" - etwas so Nahes - es kann nicht näher kommen, um von einem gesehen zu werden. „Es ist in deinem Gesicht."

Eine andere Bedeutung hingegen ist, „die Nase dorthin zu stecken, wo sie nicht hingehört". Es ist etwas das einem sehr nahe geht, deshalb ist es genau vor deiner Nase.

Ein Beispiel, das Dolores Cannon in einer Sitzung hatte, war eine Klientin, die in einem anderen Leben stinkende Pflanzen- und Kräutertränke kreierte. In diesem jetzigen Leben, als sie jung und bei schlechter Gesundheit war, machte ihre Großmutter eine Packung Kräuter, um ihre Heilung zu unterstützen.

Der Geruch erinnerte sie anscheinend an die schrecklichen Gerüche aus ihrem anderen Leben. Weil diese unangenehmen Gerüche Reize auslösten, war ihr Geruchssinn völlig ausgefallen. Sobald man wusste, woher es kam und die Ursache erkannt war, wurde die Empfindlichkeit für die Gerüche beim anderen Leben belassen, so dass ihr Geruchssinn zu diesem gegenwärtigen Leben zurückkehren konnte.

Hier ein weiteres Beispiel für eine Botschaft, die mit der Nase zugestellt wurde: Eines Tages sah ich einen alten Freund, der einen Nasenverband trug.

Ich fragte, was passiert sei und er erzählte, es ist ihm ein Hautkrebs entfernt worden. Diese Person war im gegenwärtigen Leben in seinem derzeitigen Beruf sehr müde gewesen. Er wusste, dass er einige Änderungen vornehmen musste, was er jedoch zu diesem Zeitpunkt noch nicht getan hatte. Ich erhielt eine Botschaft, dass die Situation „genau vor seiner Nase" sei, sodass er sie nur betrachten und einige Änderungen vornehmen müsste, denn die Lösung sei „so klar wie die Nase in seinem Gesicht. Als ich dies mit ihm diskutierte, sagte er, er habe eine Lösung, könne diese aber erst nach einigen Monaten in die Tat umsetzen. Ich bin mir sicher, als er begann diesen neuen Plan umzusetzen, waren seine körperlichen Probleme geklärt.

Sobald die Botschaft empfangen, verstanden und bearbeitet wird, besteht keine Notwendigkeit mehr für weitere Botschaften.

Kapitel 18

Das Harnsystem

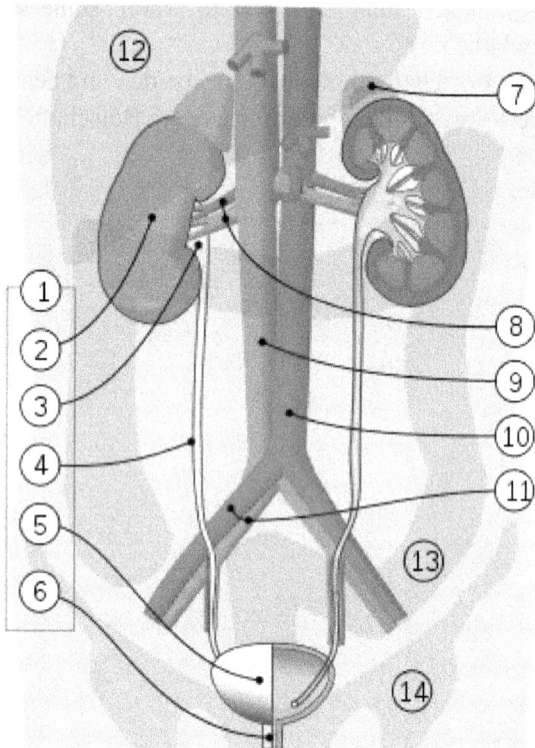

1. Harnwege: 2. Niere, 3. Nierenbecken, 4. Harnleiter, 5. Harnblase, 6. Harnröhre. (linke Seite mit Frontalschnitt) 7. Gefäße der Nebenniere: 8. Nierenarterie und Vene, 9. Vena cava inferior, 10. Aorta abdominalis, 11. Arteria iliaca und V. communis, 12. Leber, 13. Dickdarm, 14. Becken

Das Harnsystem wird hauptsächlich verwendet, um Abfallprodukte aus dem Körper zu entfernen und den Körper im Gleichgewicht zu halten. Wenn Abfallprodukte im Körper verbleiben und sich ansammeln könnten, wäre dies vergleichsweise, als würde man Müll in seinem Haus aufhäufen. Es würde riechen und beim Zerfall giftige Gase erzeugen, die für die Gesundheit schädlich sein könnten.

Die Nieren filtern das gesamte Blut, das durch den Körper fließt. Ich sehe dies als eine Form der Wahrnehmung. Die Nieren halten den Körper im Gleichgewicht, während die eigene Wahrnehmung dazu beitragen kann, das Leben im Gleichgewicht zu halten. Das heißt also im übertragenen Sinne, sie tragen dazu bei Stoffe und Situationen herauszufiltern, die für dich nicht richtig sind.

Wenn etwas in diesem System nicht stimmt (z. B. bei Nieren, Blase, Harnleiter usw.), kann dies auf ein Problem mit dem Loslassen einer toxischen Situation oder „Abfall" im Leben hinweisen. Da dieses System oder diese Organe mit Abfallprodukten und Toxinen analog dem Dickdarm und der Leber, zu tun haben, wird es ähnliche Bedeutungen geben. Wenn das Problem, das man mit einem dieser Organe hat, mit der Häufigkeit der Freisetzung zu tun hat (mit anderen Worten, häufiges Wasserlassen oder Durchfall), dann könnte die Ursache sein, etwas aus seinem Leben herausholen zu wollen. Sie wollen diese toxische Situation wirklich loslassen. Man weiß, dass es nicht gut oder gesund für einen selbst ist, und man versucht, es loszuwerden. Das Gegenteil ist der Fall, wenn man Symptome der Unfähigkeit „loszulassen" hat. Die Botschaft signalisiert dann, dass man versucht, an einer toxischen oder ungesunden Situation festzuhalten. Wenn es eine Infektion gibt, bedeutet dies wiederum, dass etwas nicht freigegeben wird, was abgeworfen werden muss, und es deutet darauf hin, dass dies nicht mit seinem Leben vereinbar ist. Die Botschaften sind laut und deutlich, dass die Situation, an der man festhält und die man nicht loslassen will, für einen selbst sehr ungesund ist.

Die Nieren sind im Harnsystem essentiell und dienen auch homöostatischen Funktionen, wie der Regulierung von Elektrolyten, der Aufrechterhaltung des Säure-Basen-Gleichgewichts und der Regulierung des Blutdrucks (über die Aufrechterhaltung des Salz- und Wassergleichgewichts). Sie dienen dem Körper als natürlicher Filter des Blutes und entfernen Abfälle, die in die Harnblase abgeleitet werden. Bei der Urinproduktion scheiden die Nieren Abfälle, wie Harnstoff und Ammonium aus. Die Nieren sind ferner für die Rückresorption von Wasser, Glukose und Aminosäuren verantwortlich. Und sie produzieren auch Hormone wie Calcitriol, Erythropoetin und das Enzym Renin.

Jede Niere scheidet Urin in einen Harnleiter aus, eine gepaarte Struktur, die in die Harnblase mündet.

Die Harnblase ist das Organ, das den von den Nieren ausgeschiedenen Urin sammelt, bevor er durch Wasserlassen entsorgt wird.

Nieren- / Lebererkrankungen – Die Botschaft könnte bedeuten, dass man seinen Körper zunächst von tödlichen Toxinen / Giften befreien sollte. Zweitens, was versuchst du, in deinem Leben loszuwerden? Was vergiftet dein Leben?

Kapitel 19

Chakren

Während einer meiner Reisen nach England wurde ich nach einem Atlas-Profilax-Verfahren nachbehandelt. Ein AtlasPROfilax® ist eine strategische und nicht-chiropraktische Massage, die auf die kurze Muskulatur des Nackens am Weichgewebe angewendet wird, das den Atlas an Ort und Stelle hält. Sie dient dazu, den Atlas-Knochen in nur einer Anwendung sicher und dauerhaft in die richtige Position zu bringen. Alte Muster werden klar und das gesamte System fängt an, in vollem Umfang zu funktionieren. Die revolutionäre Methode wurde von R. C. Schumperli zwischen 1993 und 1996 entwickelt. Dies ist nicht jedermanns Sache, aber ich fühlte mich davon angezogen und ich wollte mich dieser Prozedur unterziehen. Während dieses Vorgangs stellte sich heraus, dass ich einige Restprobleme im Bereich der Wirbelsäule hatte. Ich bin immer auf der Suche nach der zugrunde liegenden Botschaft, von all dem was passiert, und begann natürlich, mich selbst zu fragen, was dieser Bereich darstellt. Es ist ein Bereich des Rückens, der mir bisher entgangen war. Ich habe Botschaften für den unteren und oberen Rücken, aber bislang nichts für den mittleren Rücken. Als ich fragte, was das sein könnte, erhielt ich die folgende Botschaft: „Erinnere dich an die Chakren." Also fing ich an zu überlegen, welches Chakra hier in der Nähe ist. Ich stellte fest, dass sich das Solarplexus-Chakra direkt gegenüber diesem Abschnitt des Rückens befindet. Ich wurde sodann daran erinnert, dass es bei diesem Chakra um die persönliche Kraft geht. Dann, als ich darüber nachdachte, wurde mir gesagt, dass es darum geht, meine persönliche Kraft und meine Widerstandsfähigkeit gegenüberzustellen. Das hat so viel Sinn gemacht! Daraufhin erhielt ich die Botschaft, dass ich die Chakren in dieses Buch mit einfließen lassen soll, da sie eine sehr wichtige Rolle für das Verständnis der vom Körper übermittelten Botschaften spielen.

Ich kenne mich mit Chakren nicht sehr gut aus. Ich kenne die grundlegenden Sieben, welche Farbe sie haben und ungefähr, worum es in jedem geht. Also musste ich tiefergehend recherchieren, wenn ich etwas Intelligentes zu diesem Thema schreiben wollte. Ich habe mir alles angeschaut, was ich im Internet finden konnte, um Licht ins Dunkel zu bringen und herauszufinden, wie Chakren in diese Art des Denkens und Heilens eingehen. Ich weiß, dass es wichtig ist, dass die Chakren im Gleichgewicht sind und sich drehen, aber was bedeutet das wirklich?

Ich war erstaunt über das, was ich gefunden habe. Es wundert mich, wie verflochten das alles ist. Ich habe einige Webseiten gefunden, die die Informationen für jedes Chakra so aufgeschlüsselt haben, dass sie zeigen, welche Körperteile sie betreffen und welche körperlichen Funktionsstörungen auftreten können, wenn sie aus dem Gleichgewicht geraten. Ich werde gleich zeigen, was ich meine, aber zunächst gebe ich ein paar grundlegende einführende Informationen darüber, was ein Chakra ist und was es bewirkt.

Das Studium der Chakren ist sehr alt. Sie werden zum ersten Mal in den Veden erwähnt, alten hinduistischen Texten des Wissens. Das Thema ist sehr detailliert und kompliziert, aber wir benötigen hier nicht so viele Informationen, um ihre Rollen zu verstehen. Es werden zahlreiche Informationen sowie unzählige Unterrichtsstunden zu diesem Thema angeboten, wenn man sich näher damit beschäftigen möchte.

Wie in About.com - Holistic Healing von Phylameana lila Desy definiert:

Chakren sind unsere Energiezentren. Sie sind die Öffnungen, durch die Lebensenergie in unsere Aura hinein und aus ihr herausfließt. Ihre Aufgabe ist es, den physischen Körper zu vitalisieren und die Entwicklung unseres Selbstbewusstseins herbeizuführen. Sie sind mit unseren physischen, mentalen und emotionalen Interaktionen verbunden. Es gibt sieben Hauptchakren. Die erste (Wurzel) hängt tatsächlich außerhalb des Körpers. Sie befindet sich zwischen den Oberschenkeln, etwa auf halber Strecke zwischen den Knien und dem physischen Körper. Das siebte Chakra (Krone) befindet sich oben auf dem Kopf. Die verbleibenden Chakren (Sakral-, Solarplexus-, Herz-, Hals- und Drittaugenchakren) sind der Reihe nach entlang der Wirbelsäule, des Halses und des Schädels ausgerichtet. Die Chakren ähneln Trichtern mit blütenblattartigen Öffnungen. Chakren sind für das menschliche Auge unsichtbar, können jedoch von ausgebildeten Energiearbeitern intuitiv wahrgenommen werden.

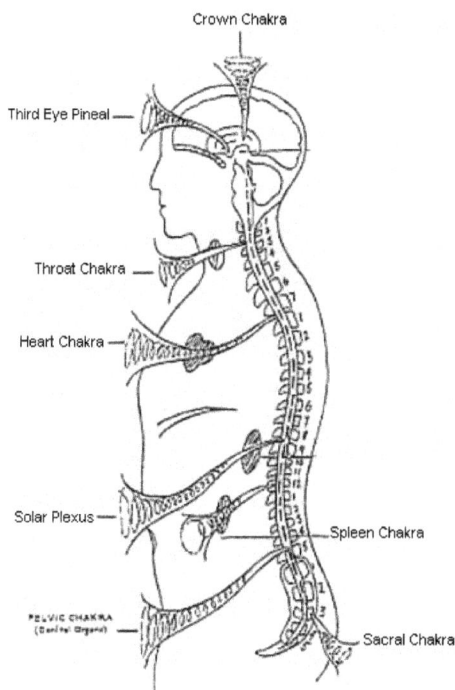

Die Aura ist das Energiefeld um jeden Einzelnen herum. Wir alle haben diese Energiefelder und diese Chakren sind die verschiedenen Punkte, an denen die Energie ein- und ausströmt. Wenn man krank ist oder wenig Energie hat, ist es sicher, dass eines oder mehrere seiner Chakren nicht mit optimaler Kapazität funktionieren. Es ist nicht die Krankheit, die dies verursacht hat, sondern der niedrige Energiefluss, aus welchem Grund auch immer, der die Krankheit verursacht. Es gibt viele Dinge, die zu einer Verringerung des Energieflusses führen können, und ich werde diese etwas später in diesem Kapitel erörtern.

Heather Stuart sagt in ihrem Buch: „Wie man seine innere Stimme im Supermarkt hört."

„Wenn die Chakren nicht richtig ausgerichtet oder verstopft sind, treten in der Regel einige körperliche Symptome auf, die mit diesem Ungleichgewicht einhergehen. Diese Ungleichgewichte können sich vorübergehend entwickeln oder sie können chronisch werden. Sie können aus aktuellen Situationen, der Familie, der Kultur, früheren Leben oder anderen alten Lasten stammen, an denen man noch festhält. Das Chakra ist möglicherweise mangelhaft oder überaktiv. Stelle dir eine depressive Person vor, die die Schultern hängen lässt - ihr Herzchakra ist möglicherweise zu schwach oder geschlossen. Oder denke an eine Person, die zu viel redet und nie zuhört - ihr Hals-Chakra ist möglicherweise überaktiv. "

Crystalinks.com (Metaphysik- und Wissenschaftswebsite) hat dies über Chakren zu sagen.

Chakra bedeutet Rad in Sanskrit. Bewusstsein und Energie bewegen sich spiralförmig von einer Frequenz zur anderen. Der Körper hat Energiezentren, die wie sich drehende Räder aussehen und Chakren genannt werden. Sie ermöglichen den Energiefluss von einem Körperteil zum anderen. Wie alle Dinge in unserer Realität sind sie mit Ton, Licht und Farbe verbunden. Heilen heißt, die Chakren in Einklang und Balance zu bringen und dann die Natur der Schöpfung und ihren Zweck darin zu verstehen.

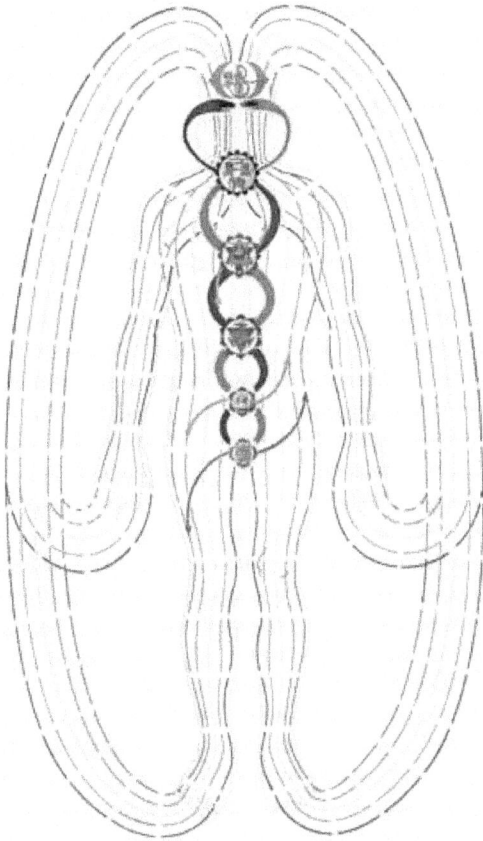

Wie man sieht, ist es sehr wichtig, sich selbst an dem Prozess zu beteiligen. Manchmal ist es, als wäre man ein Detektiv der herausfindet, was jeder Hinweis zu sagen versucht und zur Rätsels Lösung beiträgt.

Per reiki-for-holistic-health.com:

Die Chakren drehen und vibrieren ständig. Die Aktivitäten in ihnen beeinflussen unsere: Körperform, Drüsenprozesse, chronische körperliche Beschwerden, Gedanken und Verhalten. Wenn eines (oder mehrere) der Chakren blockiert sind und die Energie nicht harmonisch durch sie fließt oder weit offen ist, führt dies zu einem Ungleichgewicht, das sich in allen Bereichen des Lebens manifestiert. Jedes Chakra wird am physischen Körper in einer der endokrinen Drüsen ausgedrückt, die die physischen und emotionalen Prozesse im

Körper regulieren. Das Ungleichgewicht im Chakra äußert sich auch in der damit verbundenen endokrinen Drüse.

Dies ist der Teil, den ich so faszinierend finde. Jedes der Chakren ist mit einer der endokrinen Drüsen verbunden, die wiederum mit verschiedenen Körperteilen und körperlichen Funktionen verbunden sind. Wir wussten, dass die Körperteile Botschaften übermitteln, aber jetzt können wir die Chakren und das endokrine System mit denselben Botschaften verknüpfen. Dies validiert meiner Meinung nach das gesamte System der Botschaften!

Es gibt sieben Hauptchakren, die sich entlang der Mittellinie des Körpers befinden, von der Basis der Wirbelsäule bis zur Oberseite des Kopfes.

* Das erste oder Wurzel-Chakra (rot)

Dieses Chakra befindet sich an der Basis der Wirbelsäule und hat das zentrale Thema: Überleben, Stabilität, Akzeptanz, Selbsterhaltung, Verwurzelung, Wahrnehmung, Erdung, Angst und Sicherheit. Das Wurzel-Chakra steht in enger Beziehung zu unserem Kontakt mit der Erde und bietet uns die Möglichkeit, auf der Erdebene geerdet zu werden. Es ist auch das Zentrum der Manifestation. Wenn man versucht, Dinge in der materiellen Welt, im Geschäft oder in materiellen Besitztümern zu manifestieren, wird die Energie zum Erfolg aus diesem ersten Chakra kommen. Die Körperteile für dieses Wurzelchakra umfassen die Hüften, die Beine, den unteren Rücken und die Geschlechtsorgane (Männer). Die endokrinen Drüsen, die damit verbunden sind, sind die sexuellen Drüsen und die Nebennieren.

Die körperlichen Störungen, die aus dem Ungleichgewicht dieses Chakras resultieren, sind: häufige Erkrankungen, Darmerkrankungen, Dickdarmprobleme, Probleme mit den Beinen, den Füßen, der Wirbelsäulenbasis (chronische Schmerzen im unteren Rücken, Ischias), Essstörungen, Angstzuständen, Unsicherheit und Frustration. Probleme wie Fettleibigkeit, Anorexia nervosa und Knieprobleme können ebenfalls in Verbindung mit dieser Chakra auftreten.

Die möglichen Botschaften von diesem Chakra könnten wie folgt sein: Basis der Wirbelsäule = Basis des Problems; Stabilität. Beine und Füße = tiefe Verwurzelung; Angst, sich zu bewegen; Unfähigkeit sich zu erden. Dickdarmprobleme / Essstörungen = Akzeptanz; Überleben; etwas im Leben festhalten oder aus dem Leben streichen.

* Das zweite oder sakrale Chakra (orange)

Dieses Chakra befindet sich zwei Zoll unterhalb des Nabels und hat als zentrales Thema: Sexualität, Emotionen, Finanzen, Kreativität, Ehrenkodizes und Ethik. Es bestimmt das Selbstwertgefühl der Menschen, ihr Vertrauen in ihre eigene Kreativität und ihre Fähigkeit, offen und freundlich mit anderen umzugehen. Zu den Körperteilen dieses Chakras gehören die Geschlechtsorgane (Frauen), die Nieren, die Blase und der Dickdarm. Die damit verbundene endokrine Drüse ist die Bauchspeicheldrüse.

Die mit dem Ungleichgewicht oder der Blockade dieses Chakras einhergehenden körperlichen Funktionsstörungen sind: sexuelle Funktionsstörungen, Funktionsstörungen der Fortpflanzungsorgane, Milz, Harnwege, Appetitlosigkeit für Essen, Sex, Leben, chronische Rückenschmerzen, Ischias, Gefühl emotional explosiv oder manipulativ, Nierenschwäche, Verstopfung und Muskelkrämpfe.

Der Bauch ist der Ort, an dem wir unsere Emotionen halten - sie werden blockiert und verursachen Darmprobleme. Die Nieren, der Darm und die Blase werden dazu verwendet, Abfälle und Toxine aus dem Körper zu entfernen. Funktionsstörungen deuten hier auf den Wunsch hin, eine toxische Situation oder eine Art von Toxinen aus dem eigenen Leben zu entfernen. Verstopfung zeigt an, dass man sich an einer Situation festhält und nicht loslassen kann.

* Das dritte oder Solarplexus-Chakra (gelb)

Dieses Chakra befindet sich zwei Zoll unterhalb des Brustbeins in der Mitte hinter dem Magen. Das dritte Chakra ist das Zentrum der persönlichen Kraft, der Ort des Ichs, der Leidenschaften, der Impulse, des Zorns und der Stärke. Die Körperteile für dieses Chakra sind Magen, Leber, Gallenblase, Bauchspeicheldrüse und Dünndarm. Die damit verbundenen endokrinen Drüsen sind die Bauchspeicheldrüse und die Nebenniere.

Wenn dieses Chakra aus dem Gleichgewicht gerät oder blockiert ist, kann es sein, dass man unsicher, depressiv oder auch verwirrt ist, sich Sorgen darüber macht, was andere denken, fühlen, dass andere dein Leben kontrollieren. Körperliche Probleme können Verdauungsprobleme, Dickdarm- und Darmprobleme, Anorexie oder Bulimie, Pankreatitis, Leberprobleme, Diabetes, nervöse Erschöpfung und Nahrungsmittelallergien sein.

Da sich dies wiederum im Bauchbereich befindet, in dem wir Emotionen tragen und festhalten, könnte es in den Botschaften darum gehen, die in diesem Bereich festgehaltenen Emotionen freizusetzen. Auch, um in deine persönliche Kraft einzutreten und sie nicht weg zu geben. Schmerzen in der Mitte des Rückens können einen Konflikt innerhalb deiner eigenen Wahrnehmung, deiner Kraft darstellen.

* Das vierte oder Herzchakra (grün)

Dieses Chakra befindet sich hinter dem Brustbein vorne und auf der Wirbelsäule zwischen den Schulterblättern hinten. Dies ist das Zentrum oder der Sitz der Emotionen. Es ist das Zentrum für Liebe, Mitgefühl und Spiritualität. Dieses Zentrum lenkt die Fähigkeit, sich selbst und andere zu lieben, Liebe zu geben und zu empfangen. Dies ist auch das Chakra, das Körper und Seele mit dem Geist verbindet. Die Körperteile für dieses Chakra umfassen das Herz, die Lunge, das Kreislaufsystem, die Schultern und den oberen Rücken. Die damit verbundene endokrine Drüse ist die Thymusdrüse.

Wenn dieses Chakra aus dem Gleichgewicht gerät oder blockiert ist, kann es sein, dass man Mitleid mit sich selbst verspürt, paranoid ist, unentschlossen, Angst loszulassen hat, Angst hat verletzt zu werden oder der Empfindung der Liebe unwürdig zu sein. Einige der körperlichen Störungen, die aus dieser unausgeglichenen Situation resultieren, sind: Erkrankungen des Herzens, der Lunge, der Thymusdrüse, der Brust, der Arme, Asthma, Allergien, Durchblutungsstörungen, Immunschwäche und Verspannungen zwischen den Schulterblättern.

Das Herz ist der Sitz der Emotionen und wo wir Liebe fühlen. Probleme mit dem Herzen deuten auf einen Mangel an Liebe im eigenen Leben oder auf einen Mangel an Liebe zum Leben hin. Die Lungen befinden sich in dieser Region und weisen auf eine Angst vor dem Leben hin. Die Lungen stellen den Atem des Lebens dar, daher können Probleme in diesem Bereich auf eine Einschränkung des

Lebens hindeuten. Die Art des Problems gibt einen Hinweis darauf, um welche Botschaft es sich handelt. Es herrscht die Angst, wenn die Lungen betroffen sind.

* Das fünfte oder Kehl-Chakra (blau)

Dieses fünfte Chakra befindet sich im V des Schlüsselbeins am unteren Hals und ist das Zentrum der Kommunikation, des Klangs und des Ausdrucks von Kreativität durch das Denken, Sprechen und Schreiben. Die Körperteile für das fünfte Chakra sind Hals, Nacken, Zähne, Ohren und Schilddrüse. Die damit verbundenen endokrinen Drüsen sind die Schilddrüse und die Nebenschilddrüse.

Wenn dieses Chakra blockiert oder aus dem Gleichgewicht geraten ist, möchte man sich möglicherweise zurückhalten, sich schüchtern fühlen, ruhig sein, sich schwach fühlen oder seine Gedanken nicht ausdrücken können. Zu den körperlichen Krankheiten oder Beschwerden zählen: Schilddrüsenprobleme, Ohrenentzündungen und -probleme, kratzende Kehle, chronische Halsschmerzen, Geschwüre im Mund, Zahnfleischprobleme, Skoliose, Kehlkopfentzündung, geschwollene Drüsen, Kopfschmerzen, Schmerzen im Nacken und an den Schultern.

Alles in diesem Bereich weist auf die Notwendigkeit hin, sich zu äußern oder die Wahrheit zu sagen. Man muss etwas sagen, hat aber Angst davor.

* Das sechste oder dritte Augen Chakra (dunkelblau)

Das sechste Chakra befindet sich über den psychischen Augen in der Mitte der Stirn. Dies ist das Zentrum für körperliche Fähigkeiten, höhere Intuition, die Energien von Geist und Licht. Durch die Kraft des sechsten Chakras kannst du Führung erhalten, kanalisieren und dich auf dein höheres Selbst einstellen. Die Körperteile dieses Chakras umfassen: Augen, Gesicht, Gehirn, Lymphsystem und endokrines System. Die damit verbundenen endokrinen Drüsen sind die Hypophyse und die Zirbeldrüse.

Wenn das sechste Chakra blockiert ist oder aus dem Gleichgewicht gerät, kann es sein, dass man sich nicht durchsetzungsfähig fühlt, Angst vor dem Erfolg hat oder in die entgegengesetzte Richtung geht und egoistisch ist. Zu den körperlichen Symptomen oder Funktionsstörungen gehören: Kopfschmerzen, Augen- und Ohrenkrankheit, Nasen- und Nasennebenhöhlenprobleme, Gehirntumor, neurologische Störungen, Anfälle, Lernschwierigkeiten.

Dies deckt die Augen und Ohren ab, die anzeigen, dass man nichts sehen oder hören möchte. Auch die Nase, die Nasennebenhöhlen und das Gehirn sind hier abgedeckt, was darauf hinweist, dass etwas in deiner Nähe (vielleicht du selbst) Druck ausübt. Das Gehirn kann Ärger oder Groll über die geistige und intuitive Entwicklung anderer darstellen, aber auch über seinen Mangel oder seine Verzögerung im Wachstum und über das, was man „erwartet" hat. Man sollte bedenken, dies ist kein Wettbewerb in der spirituellen Entwicklung. Wir alle entwickeln uns in unserem eigenen Tempo und mit unseren eigenen Gaben und Fähigkeiten.

* Das Siebte oder Kronen Chakra (lila)

Dieses Chakra befindet sich direkt hinter der Schädeldecke. Es ist das Zentrum der Spiritualität, der Erleuchtung, des dynamischen Denkens und der Energie. Es ermöglicht den inneren Fluss der Weisheit und bringt die Gabe des kosmischen Bewusstseins.

Wenn das Kronen Chakra blockiert ist oder aus dem Gleichgewicht gerät, kann es zu einem ständigen Gefühl von Frustration, keinem Funken Freude und destruktiven Gefühlen kommen. Zu den Krankheiten gehören Migränekopfschmerzen und Depressionen, sowie energetische Störungen, Hirntumore, Amnesie, aber auch Empfindlichkeit gegenüber Licht, Schall und anderen Umweltfaktoren.

Kapitel 20

Unfälle

Unfälle sind niemals Unfälle. Sie gleichen Krankheiten, indem sie versuchen, Botschaften zu übermitteln. Wenn man die Botschaften nicht auf andere Weise hört, werden drastischere Maßnahmen eingeleitet werden müssen, um sich selbst davon zu überzeugen. Es ist wahrscheinlich eine wichtige Botschaft, wenn das Gefühl besteht, auf diese Maßnahmen zurückgreifen zu müssen. Vielleicht bist du super „starrköpfig" und benötigst stärkere Botschaften als eine Art „Tritt in den Hintern".

Betrachte Unfälle auf die gleiche Weise wie Symptome im Körper, also analog einer Botschaft, die übermittelt werden soll. Ich habe erfahren, dass ich sie eher „Botschaftenvorfälle" als „Unfälle" nennen soll. Das interessante daran ist, dass es sich im übertragenen Sinn genauso darstellt. Schaue dir den betroffenen Körperteil an, der dir dann deine Antworten gibt.

Einige der verschiedenen Arten von „Unfällen" sind: Ausrutschen und stürzen, Schnitte und blaue Flecken, Anstoßen an Gegenstände und einklemmen der Finger (oder anderer Körperteile) in Türen / Fenstern / mit Hämmern. Ich weiß, es gibt noch viel mehr, an was man denken kann, aber diese sollten vorerst ausreichen, damit man versteht, wie diese Botschaften zu übersetzen sind.

Mein erster Impuls ist, wenn ich daran denke, dass jemand oder ich auf etwas ausrutscht, nicht auf festem Grund zu stehen. „Der Boden unter mir ist rutschig." Vielleicht auch, weil ich mich nicht auf eine bestimmte Vorgehensweise oder Richtung festgelegt habe.

Fallen kann ein Gleichgewichtsverlust sein, Möglicherweise ist der Boden oder das Fundament nicht stabil und man kann nicht darauf stehen. Vielleicht fühlt man sich bei seinen Entscheidungen unsicher. Zum Beispiel: „Du hast kein Bein, auf dem du stehen kannst." Wow - das könnte man für verschiedene Dinge tun! Siehst du, wie wörtlich diese Dinge sind? Es beeindruckt mich immer wieder! Schaue dir einfach an, was zum Zeitpunkt des Vorfalls vor sich ging oder war, um die Botschaft besser zu verstehen.

Schnitte können auf eine Unterbrechung seiner Barriere hinweisen. Deine Haut ist der Schutz deines Körpers und jetzt ist sie geöffnet. Es könnte auch das Gefühl darstellen, verletzlich zu sein.

Wenn man auf Dinge stößt, wird man möglicherweise dazu aufgefordert, langsamer zu fahren und auf seine eigenen Ziele, auf Details zu achten; zum Leben im Allgemeinen. Es wird mir immer wieder „gesagt": Halt an, rieche die Rosen – hole dir mehr Freude in dein Leben." Dies könnte eine andere Art solcher Botschaften sein.

Das einklemmen und brechen von Körperteilen erscheint als wirklich extreme Variante, so als würden „sie" sich sehr bemühen, deine Aufmerksamkeit zu erregen. Wie in einigen Botschaften möchten „sie", dass man inne hält und zuhört. Vielleicht ist es eine Art dieser Botschaften. Es könnte aber auch sein, dass man langsamer fahren oder aufpassen soll, in welche Richtung man geht oder für welche Richtung man sich entscheidet.

Viele dieser Vorfälle im Zusammenhang mit „Botschaften" passieren, während wir uns in unseren Autos befinden. Wenn man mal darüber nachdenkt, ist das Auto unser Fahrzeug, um uns von Punkt A zu Punkt B zu bringen. Das ist nicht anders was unser Körper für unsere Seele tut. Kein Wunder also, dass auch Botschaften auf diese Weise übermittelt werden.

Wenn man mit seinem Auto „hinten aufgefahren" ist, muss man sich wahrscheinlich „in Bewegung setzen". „Man steckt fest und bewegt sich nicht" - es geht nur darum, dich dazu zu bringen, diesen Ort der Unentschlossenheit oder Nichtbewegung zu verlassen. Manchmal geben wir uns so viele Optionen, dass wir Angst haben, eine davon zu wählen und dann „bleiben wir stecken". An diesen Punkten ist jede Bewegung besser als keine Bewegung. Sobald man die Energien sodann in Bewegung setzt (auch wenn es sich um die falsche Richtung handelt), wird man in die „richtige" Richtung geleitet, da von einem Ort, an dem man „stecken bleibt", nichts mehr passieren kann. Ich habe vor vielen Jahren eine Aussage gehört, die mir fest im Gedächtnis verhaftet geblieben ist. Ich verfolge es nicht immer, aber ich werde zu diesem Zeitpunkt daran erinnert. Die Aussage lautet: „Anstatt zu versuchen, die „richtige" Entscheidung zu treffen, triff eine Entscheidung und treffe dann „richtig". Mit anderen Worten, tue etwas und aus dieser Handlung wirst du sehen, was als nächstes zu tun ist. Wir werden von Unentschlossenheit gelähmt, wenn wir beständig versuchen, Recht zu haben oder das Richtige zu tun, am Ende tun wir gar nichts.

Ein Treffer auf einer Seite oder von beiden Seiten ist wahrscheinlich eine Botschaft, dass man aus der Spur geraten ist und sich in Bewegung setzen muss, um wieder in die Spur zu gelangen. Ich finde, dass eine große Zahl der Botschaften von diesem Typus ist. Ich denke, wir wollen uns wahrlich auf dem richtigen Weg halten. Diese Art von „Unfall" ist nicht dazu da um uns aufzuhalten, es ist nur der Versuch, uns zum Umkehren zu bewegen, was darauf hinweist, dass wir ein wenig aus der Bahn geraten sind und daran erinnert werden müssen, die richtige Spur zu finden.

Einen „Frontalzusammenstoß" würde ich als einen Versuch betrachten, uns auf dem Weg, auf dem wir uns befinden, „aufzuhalten".

Die Schwere eines dieser „Unfälle" wiederum zeigt, wie dringend es ist, die Botschaft zu übermitteln. Es ist natürlich besser, die Botschaften früher als später zu erhalten, da sie immer extremer werden, bis man sie endlich „versteht". Manchmal können wir ziemlich „schwer von Begriff" sein, daher müssen wir starke Botschaften haben. Ich hoffe, wenn mehr Menschen dieses Kommunikationssystem verstehen, ließe sich der Bedarf an so vielen „Botschaften" verringern.

Wir können diese Denkweise in Bezug auf Fahrzeuge, die eine Erweiterung von uns sind und Botschaften übermitteln, ausweiten. Stellen wir uns einige andere Dinge vor, die mit unseren Autos passieren können.

Mein erster Gedanke ist „platte Reifen". Was passiert, wenn dein Auto einen platten Reifen hat? Es kann sich nicht bewegen. Es steckt fest. Dies scheint eine verbreitete Botschaft zu sein. Die jeweilige Seite des Autos, wo sich der platte Reifen befindet, können Vorfälle in der Gegenwart (rechts) oder in der Vergangenheit (links) anzeigen, genau wie dies mit dem Körper der Fall ist. Ein „Leck" am Reifen kann auf einen Schwungverlust oder eine zu langsame Bewegung in die „gewünschte" Richtung hinweisen.

Hier noch ein paar andere Dinge, die mit unseren Autos passieren können: Nicht in der Lage zu sein, wegen schadhafter Wischerblätter nach vorne zu sehen; Ein Ölleck könnte einen Impulsverlust bedeuten; Verlust des „Grip" auf der Straße und Ausrutschen auf der Straße aufgrund abgefahrener Reifen; Unfähigkeit, bei Bedarf anzuhalten, weil die Bremsen schlecht oder defekt sind; Unfähigkeit zu „fahren", weil einem das Benzin ausgegangen ist; angehalten zu werden und sich nicht bewegen zu können, wegen eines Getriebeschadens. Die Liste kann beliebig weiter geführt werden, aber ich hoffe, man bekommt eine Vorstellung davon, wie eng diese Botschaften zusammenhängen. Es kann hilfreich sein zu verstehen, was in deinem eigenen Körper vor sich geht, wenn du dir das Auto ansiehst und dann vergleichst. Auf diese Weise wird man objektiver, was es ermöglicht, die Dinge klarer zu sehen, wenn die Emotionen außen vor bleiben.

Ich erinnere mich an zwei verschiedene Klienten, die für Sitzungen mit Dolores Cannon kamen. Jeder hatte einen „Unfall" und wollte den Grund dafür wissen. Der Arm des ersten Mannes wurde abgetrennt, als er in der Schule war und bei einem wissenschaftlichen Projekt mit Raketen spielte. Während der Sitzung wurde festgestellt, dass er sich stark für Sport interessierte und sehr gut darin war. Er war so gut; er befand sich auf dem Weg in den Profisport. Jedoch war das nicht der Weg, den er für sich selbst ausgewählt hatte. Der beste oder einzige Weg, ihn auf den Weg seiner Wahl zu bringen, bestand darin, die Fähigkeit zu entfernen, diesen Arm zu benutzen, womit ihm die Möglichkeit genommen war, weiter diesen Sport zu betreiben.

Ein anderer Klient, Multimillionär, der Timesharing-Eigentumswohnungen auf der ganzen Welt baute, flog zu einer abgelegenen Insel, um eine Baustelle aufzusuchen. Sein Freund steuerte ein kleines zweisitziges Flugzeug und kam zur Landung herein. Wo das Flugzeug landen sollte, fiel die Landebahn am Ende steil ab. Er bemerkte, dass sein Freund zu schnell hereinkam und dachte noch, er würde einen anderen Ansatz wählen, aber das tat er nicht. Mit weißen Fäusten am Steuerknüppel kam er herunter und landete jenseits der Landebahn auf dem Berghang. Der Pilot war sofort tot, der Klient wurde schwer verletzt und war von der Hüfte abwärts gelähmt. Viele Monate verbrachte er im Krankenhaus. In dieser Zeit war er nicht in der Lage, seine Geschäfte zu führen und verlor alle seine Bestände. Während seiner Sitzung sagte das Unterbewusstsein, er gehe den Weg des Materialismus und das sei nicht sein Plan. Er sollte an seiner Spiritualität arbeiten; er hätte das niemals getan, wenn er den anderen Weg gegangen wäre.

In einem anderen Fall wurde ein Mann verprügelt und in einer Gasse niedergestochen, man wollte ihn töten. Er schleppte sich auf die Straße, wo er gefunden und in ein Krankenhaus gebracht wurde. Er wollte wissen, warum das geschehen ist und in seiner Sitzung mit Dolores Cannon erklärte das Unterbewusstsein, dass dies seine besten Freunde auf der geistigen Seite gewesen sind, die zustimmten, ihn wieder auf den richtigen Weg zu bringen, sofern er sich in die falsche Richtung bewegte.

Dies sind harte Beispiele, aber sie helfen uns zu verstehen, wie SIE eingreifen können, um uns bei Bedarf wieder auf den richtigen Weg zu bringen. In diesem Prozess gibt es viele Dinge zu lernen und zu erfahren, so dass es immer eine Chance für Wachstum gibt. Wieder muss es mit allen Emotionen betrachtet werden, die entfernt werden. Wenn es wirklich wichtig ist, uns zu einer anderen Vorgehensweise zu bewegen, wird man wahrscheinlich alles tun, um sicherzustellen, dass dies geschieht. Vor diesen Ereignissen wird es wahrscheinlich einige andere Botschaften und Gelegenheiten gegeben haben, die entweder ignoriert oder nicht verstanden worden sind. Ich glaube es gibt Punkte, an denen keine Rückkehr möglich ist und an denen Maßnahmen ergriffen werden müssen, um wieder auf den richtigen Weg gebracht zu werden.

Kapitel 21

Der Prozess

Da sind wir nun endlich angelangt. Hier erkläre ich die gesammelten Geheimnisse, wie man all diese Arbeit selbst machen kann. Wie ich in diesem Buch erwähnt habe, gibt es keine generelle Antwort oder eine bestimmte Möglichkeit, dies zu tun. Ich werde es so beschreiben, wie es für mich funktioniert hat und was mir gesagt wurde, aber „sie" haben mir so oft gesagt, dass es das Wichtigste ist, diese Arbeit für sich selbst zu tun. Dies ist eine sehr persönliche Reise. Jede Person findet ihre eigenen Wege, um die Botschaften zu verstehen. Wie ich bereits ausgeführt habe, gibt es in der Symbolsprache viele Ähnlichkeiten und Konstanten, aber nur man selbst weiß, was die eigene individuelle Sprache für einen bedeutet. Dies ist das Leitsystem, was man für sich selbst eingerichtet hat. Es liegt daher im eigenen Interesse herauszufinden, was diese Botschaften zu sagen versuchen.

Der beste Weg, dies zu tun, ist sich selbst zu fragen. Bis man in der Lage ist direkt mit seinem höheren Selbst zu sprechen, sprich mit deinem Körper, um zu sehen, was er dir zu sagen versucht. Es mag eine grundlegende Antwort sein, aber es wird etwas sein, das einem in die Richtung des Verstehens bringt. Die Hauptsache ist, dass man nach Antworten sucht. Die Antworten sind NICHT außerhalb unseres Körpers, sie befinden sich bereits in uns drin. Man mag es kaum glauben, aber alle Antworten sind schon da. Man braucht einige und vor allem überzeugende Beweise. Dieser Beweis wird erst dann erbracht, wenn man damit begonnen hat. Ich weise immer wieder darauf hin, dass dies ein Prozess ist. Das heißt, die Antwort ist nicht eine Sache oder Aktion, vielmehr ist es eine Ansammlung von Handlungen, die zu Antworten und damit zu deiner Heilung führen. Denke daran, das einzige Ziel des Körpers besteht darin, dass die Botschaften übermittelt und verstanden werden. Sobald dies erreicht und umgesetzt wurde, besteht keine Notwendigkeit mehr, die Botschaft zu übermitteln. Was auch immer das notwendige Symptom war, um die Botschaft zu überbringen, wird jetzt verschwinden, da es nun keinen Grund oder Bedarf mehr dafür gibt.

Ich weiß, es klingt simpel und ist schwer zu glauben, aber denke daran, das Universum ist nicht kompliziert. Weshalb also sollte man anderes als etwas Einfaches erwarten?

Der Prozess besteht darin, Fragen zu stellen. Es ist ja etwas grundsätzliches, wenn man etwas wissen will, stellt man eine Frage. Oft führt die Antwort auf eine Frage zur nächsten Frage und so weiter, jedoch begibt man sich auf diese Weise auf den Weg eine Lösung zu finden. Die Fragen sind sehr wichtig. Dies gilt für alles, was man tut. Die Frage bestimmt den Informationsgehalt der Antwort.

Zunächst ist es am einfachsten und wahrscheinlich greifbarer, mit seinem Körper zu sprechen. In einem der vorherigen Kapitel habe ich erwähnt, wie sehr der Körper es liebt, wenn man ihm Aufmerksamkeit schenkt und mit ihm spricht. Es ist sehr gesund, dem Körper Liebesbotschaften zu senden. Die Arbeit der Körperteile anerkennen und ihnen sagen, dass du sie liebst. Der Körper reagiert wunderbar auf solche Botschaften. Du bist die Stimme Gottes und er wird alles tun, was du ihm sagst. Er ist dein sehr williger Diener - er ist hier, um dir auf höchstmögliche Weise zu dienen. Er kann nur die Arbeit verrichten, die er darf und in der Art und Weise, wie es gegeben ist. Es wird schwierig dir zu helfen, wenn du ihn auf ungesunde Weise behandelst. Es ist dein Zuhause - wie sehr respektierst du es? Der Körper ist wie eine fein abgestimmte Maschine, die eine sehr lange Lebensdauer hat und sich von selbst heilt, wenn wir uns nicht einmischen. Deine Worte sind sehr kraftvoll. Der Körper hört immer zu und wird tun, was du sagst. Und achte sehr darauf, was du sagst. Ich habe heute jemanden darüber klagen gehört, dass ihr „die ganze Zeit" die Nase läuft. Ich weiß, dass ihr nie in den Sinn gekommen ist, dass sie diese Situation aufrechterhält, eben weil sie diese Aussage macht. Ich bin sicher, es hat harmlos damit begonnen, dass ihr Körper versucht hat, eine Botschaft durch den Sinusdruck und der damit verbundenen laufenden Nase zu übermitteln. Da sie jedoch nichts von dem System der Botschaften weiß, suchte sie auch nicht nach einer Botschaft. Um die Symptome zu stoppen, nahm sie also Medikamente. Da sie die zugrunde liegende Botschaft nicht verstand und nicht darauf reagierte, was der Körper zu sagen versuchte, setzten sich die Symptome fort. Weil die Symptome anhielten, sagt sie: „Meine Nase läuft immer." Da sie nun sagte: „Meine Nase läuft immer" und ihr Körper zuhörte, reagiert der Körper nun mit: „Dein Wunsch ist mein Befehl!", denn er ist der immer wachsame Diener deiner Gedanken und Worte! Sie sind sehr mächtig, weil unsere Gedanken unsere Realität erschaffen und unser Körper immer genau zuhört und tut, was wir ihm sagen. Oft äußern Leute: „Jeden Winter bin ich erkältet." Der Körper sagt: „Okay - ich werde dir diesen Winter eine Erkältung verschaffen, weil du mir gesagt hast, dass du jeden Winter erkältet bist."

Es könnte hilfreich sein, deinen Körper als dein liebstes und hochgeschätztes Auto auf der ganzen Welt zu betrachten. Eins, in das du dein gesamtes Geld investiert und lange Zeit gespart hast, um es dir kaufen zu können und das jetzt dein wertvollster Besitz ist. Man behandelt es anders, wenn man es als wertvoll erachtet und es respektiert. In Bezug auf die Seele, die im Laufe deiner Leben von Körper zu Körper wandert, mag dies wie ein Wegwerfkörper erscheinen, aber für diese Persönlichkeit in diesem Leben, ist dies der einzige Körper, den du hast. Dies ist der, auf den du genau abgestimmt bist und den du kennst. Dies ist der Körper, durch den deine Seele jetzt zu dir spricht. Bitte respektiere ihn und höre zu, wenn er spricht.

Der erste Schritt ist also, sich an einen ruhigen Ort, an dem man ungestört ist, zu begeben. Es kann Meditation sein, oder man nimmt ein schönes heißes Bad oder man befindet sich einfach an einem ruhigen Ort, aber auch kurz bevor man nachts einschläft. Die Hauptsache ist, an einem Ort zu sein, an dem es keine oder nur geringe Geräusche und keine Ablenkungen gibt. Sprich mit dem Körperteil, der Probleme hat. Wenn es das Knie ist, spreche mit dem Knie. Sag: „Was versuchst du mir zu sagen?"

Was auch immer man hört (auch wenn es keinen Sinn ergibt), ist deine Antwort. Vertraue dem allerersten, was dir in den Sinn kommt. Es kann als ein kleines Geräusch kommen. Und dieses Geräusch ist wie ein Flüstern in deinem Kopf - es ist kein physisches Geräusch, das du außerhalb von dir hörst. Möglicherweise erhältst du eine visuelle Antwort, oder du hast plötzlich eine Eingebung. Mit anderen Worten, du hast möglicherweise ein Bild, das du auswerten und für die Antwort übersetzen musst. Das Wissen ist, wo du gerade etwas weißt. Du weißt nicht, warum oder weshalb du es weißt. Du weißt nur, dass du es weißt. Und das ist gut. Unsere Möglichkeiten Informationen zu erhalten sind vielfältig. Es gibt keinen einzig richtigen Weg. Das Wichtigste, was ich dir dazu sagen kann ist, dem zu VERTRAUEN, was du hörst (oder auch siehst, intuitiv fühlst oder weißt).

Der erste Schritt ist also, die Antwort zu erfragen, sie zu empfangen und ihr zu vertrauen. Die Hinweise zu geben, was sie möglicherweise zu sagen versuchen. Es ist in Ordnung, wenn man nicht sofort eine Antwort erhält. Dies ist der Anfang des Prozesses und dein Körper ist es nicht gewohnt, dass du auf einmal mit ihm sprichst. Sei also geduldig. Deine Seele wird auch andere Wege finden, um dir die Antwort zu übermitteln. Es kann von jemandem kommen, der dir etwas sagt, oder ein Buch fällt auf eine bestimmte Seite, aber auch das Radio oder Fernsehen kann einige Informationen enthalten. Das Wichtigste, was du an diesem Punkt erreichen solltest ist, nach innen zu gehen und zuzuhören.

Sobald man eine Antwort erhalten hat, auch wenn man noch nicht alles verstanden hat, kann man sich jetzt mit diesem Teil unterhalten. Nehmen wir an, es ist dein Knie und die Botschaft lautet, dass du unentschlossen bist, dich in eine neue Richtung zu bewegen. Wenn du das als Botschaft für dich verstanden hast, kannst du mit dem Knie sprechen und ihm dafür danken, dass es seine Arbeit auf so schöne Weise geleistet hat. Jetzt verstehst du, treffe eine Entscheidung und bekenne dich zu der Richtung, für die du dich entschieden hast. Dieser Schritt könnte als „zugestellte und verstandene Botschaft" bezeichnet werden.

Als nächstes musst du die erforderlichen Maßnahmen ergreifen. Es ist eine Sache zu sagen, dass du eine Entscheidung getroffen und verstanden hast. Es ist jedoch etwas ganz anderes, die Schritte in die neue Richtung auch wirklich zu gehen. Dies nennt man den Aktionsschritt. Du musst die Aktion ausführen, sonst wird nicht angezeigt, dass die Botschaft zugestellt worden ist.

Ich sehe die Notwendigkeit anzuerkennen, dass dies ein Planet des freien Willens ist und du nicht tun musst, was immer deine Seele von dir verlangt. Aber bitte denke daran, dass deine Seele diejenige ist, die den Überblick hat und das Gesamtbild von dem überschauen kann, was du gelernt und getan hast. Dies ist das Kommunikationssystem, welches du eingerichtet hast, um dir in diesem Labyrinth, namens Leben, zu helfen. Man kann sich dafür entscheiden, nicht zuzuhören und es auf seine Art und Weise tun, aber du wirst verstehen, dass dann dein Körper nicht synchron ist und das möglicherweise schwerwiegende gesundheitliche Probleme und Symptome hervorruft, da dies eine der wichtigsten Rollen und Vereinbarungen ist, die er eingenommen hat, als er zu deinem Transportmittel wurde. Wichtig ist, dass du deine eigenen Fragen stellst, um die Bedeutung für dich selbst herauszufinden.

Sobald du fest auf deinem neuen Weg bist, verschwinden deine Symptome. Wenn du die Botschaft nicht mehr empfangen musst, wird die Botschaft auch nicht mehr gesendet.

Manchmal kommt die Botschaft von einem Ereignis aus einem anderen Leben. Es gibt einige Ähnlichkeiten oder einen Grund, warum es dir jetzt gezeigt wird. Manchmal musst du einige investigative und detektivische Fähigkeiten einsetzen, aber auch das ist Teil des Prozesses. Es kann sehr vorteilhaft sein, eine QHHT-Sitzung bei einem der vielen ausgebildeten Therapeuten zu haben. Der Schlüssel ist, zur Quelle oder Ursache der Situation zu gelangen. Sobald du dies getan hast, wird der Rest wie von selbst an seinen Platz fallen, da es sehr schwierig ist, zurückzugehen oder etwas zu verlernen, wenn man diesen Schritt getan hat.

Ich werde die Schritte hier nochmal auflisten:

1. Frage deinen Körper oder dein höheres Selbst, was es dir zu sagen versucht.
2. Höre auf die Antwort.
3. Bestätige und sei dankbar für die Antwort.
4. Ergreife Maßnahmen bezüglich der erhaltenen Informationen.
5. Genieße deine neue Vorgehensweise in deinem nun beschwerdefreien Leben!

Wie ich bereits erwähnte, sind die Schritte einfach und leicht erlernbar, aber mitunter, wenn etwas als so einfach angesehen wird, erfährt es Abwertung. Wenn man sich daran gewöhnt hat, mit seinem Körper zu sprechen, wird man feststellen, dass die Kommunikation auf andere Weise fortgesetzt werden kann und dann wird man merken, dass man direkt mit seinem höheren Selbst spricht. Irgendwann ist es einfach, ein Gespräch zu führen. Es ist alles eine Frage des Vertrauens auf das, was man tut und erhält. Dessen ungeachtet ist es immer positiv, da dieser Teil ausschließlich dein höchstes Gut im Herzen hat. Daher ist alles was dir widerfährt und nicht von höchster Qualität ist, deine Angst. Bitte lies dir das Kapitel über Angst noch einmal durch, um zu verstehen, wie sich diese Energie manifestiert. Es liegt ganz bei dir selbst. Du hast nichts zu befürchten. Es ist alles und immer für dein höchstes Wohl.

Kapitel 22

Körper Botschaften- Kurzanleitung

Im Folgenden eine Liste der häufigsten Beschwerden und eine kurze Beschreibung der möglichen Botschaften. Ich empfehle aber auch die Abschnitte zu lesen, in denen ausführlich erläutert wird, warum die verschiedenen Körperteile die gesendeten Botschaften enthalten. Wie bereits gesagt, habe ich nicht alle Antworten. Man muss seine eigenen Fragen stellen, um die auf einen selbst zutreffenden Informationen zu erhalten. Einige dieser Botschaften stammen aus Hypnosebehandlungen, ein großer Teil kommt von mir, indem ich mich intuitiv in die Krankheit oder den Krankheitsprozess „hineingefühlt" habe, um zu spüren, was hinter den Botschaften steckt.

Abszess: Unausgedrückte Wut. (Der Ort des Abszesses gibt mehr Aufschluss über den Zorn.)

Adenoide: Man kann sich nicht ausdrücken oder sagen, was man will.

AIDS: Sich schämen; extreme Schuld; Angst vor dem Urteil.

Akne: Ich versuche mich zu verstecken. Ich fühle mich nicht „gut genug". Ein Teil des Ärgers kommt an die Oberfläche.

Alkoholismus: Wunsch zu entkommen und nicht anwesend zu sein.

Allergien: Viele Allergien stammen aus früheren Lebenstraumata.

Alzheimer-Krankheit: Wunsch, den Körper zu verlassen, dabei sehr allmählich vorgehend um dazu beizutragen, dass die Menschen in seiner Umgebung dies akzeptieren.

Amnesie: Verweigerung der gegenwärtigen Situation; Flucht.

Anämie: Den eigenen Wert nicht erkennen; ein Gefühl der Schwäche.

Anusprobleme: Ich möchte keine Probleme loslassen; ein Wunsch, Situationen und Menschen zu kontrollieren.

Angst: Dem Universum / dem höheren Selbst / irgendetwas außerhalb des Selbst nicht zu vertrauen.

Apathie: Nicht im Fluss oder mit der Freude des Lebens beschäftigt.

Armprobleme: Schwierigkeiten beim Akzeptieren und Umarmen von Liebe und Zuneigung.

Arteriosklerose: Die Freude fehlt im Leben; zum Leben verhärtet werden.

Arterien: Der Fluss des Lebens; Freude.

Arthritis: Unbeweglich sein und keine neue Richtung im Leben einschlagen. In den Händen: versuchen, etwas oder jemanden festzuhalten.

Asthma: Einengung im Leben; sich nicht frei bewegen können; kann auch vom Tod in der Vergangenheit stammen

Atemprobleme: Nicht am Leben teilnehmen. Angst vor dem Leben.

Augen: Sinnesorgan zum Sehen; wie wir die Welt um uns herum sehen.

Augenkrankheiten: Unfähigkeit oder Weigerung, die Dinge so zu sehen, wie sie wirklich sind oder nicht auf etwas schauen wollen; nicht in der Lage, das ganze Bild zu sehen.

Bandwurm: Das Opfer fühlen; Was isst du?

Bauchkrämpfe: Festhalten an Emotionen und Gedanken; Emotionen nicht loslassen.

Bauchspeicheldrüse (Diabetes): Ein Mangel an Süße oder Freude in seinem Leben.

Beine: Ein Teil des Körpers, der einen bewegt und vorwärts bringt.

Beinprobleme: Widerstand gegen Vorwärtsbewegung.

Bettnässen: Sich bei der Freisetzung von Emotionen nicht sicher fühlen.

Bindehautentzündung: Wütend auf das, was man sieht. Ich möchte mich der Situation nicht stellen.

Blasenprobleme: Probleme mit dem Loslassen von etwas. (Angst, es zu behalten oder loszulassen.)

Blähungen: Schwierigkeiten beim Verdauen von Gedanken oder Emotionen.

Blinddarmentzündung: Ärger über die Unfähigkeit, Emotionen freizusetzen.

Blut: Lebenskraft des Körpers.

Blutprobleme: Schwierigkeiten, wie man sein Leben sieht. Mangel an Freude und „Leben" in seinem Leben.

Blutdruck: Mangel an Vertrauen in die Welt um einen herum.

Blutung: Mit der eigenen Lebenskraft außer Kontrolle geraten.

Bronchitis: Abschaltung der Lebenskraft. Einengung der Wünsche

Brüste: Nährende Körpermitte.

Brustprobleme: Schwierigkeiten / Ärger mit dem Stillen; nicht gepflegt werden oder nicht pflegen können.

Chronische Krankheiten: Widerstand, die Botschaften zu verstehen.

Colitis ulcerosa: Übermäßige Anhaftung, keine Auslösung von Situationen.

Darm: Abfallbeseitigung des Körpers.

Darmprobleme: Schwierigkeiten mit der Beseitigung der Verschwendung in seinem Leben. Angst vor dem Loslassen.

Depression: Flucht aus der Gegenwart.

Diabetes: Mangel an Süße / Liebe in deinem Leben.

Durchfall / häufiges Wasserlassen: Was möchtest du schnell aus deinem Leben entfernen?

Eingewachsener Zehennagel: Widerstand sich vorwärts zu bewegen.

Ekzem: Zu viel Energie kommt in den Körper; in einem anderen Leben verbrannt.

Ellenbogen: Das Gelenk, mit dem die Arme Liebe und Zuneigung annehmen können.

Emphysem: Lebensangst. Angst zu „leben".

Entzündung: Wütende Gedanken an sich selbst oder etwas. (Der Ort der Entzündung gibt einen besseren Einblick in das Problem.)

Fortpflanzungsstörungen (weiblich): (Kreativzentrum) Der weibliche Ausdruck, die Schuld und / oder die Angst im Ausdruck der Rezeptionsqualität werden nicht gewürdigt. Ich fühle mich nicht kreativ. Ich möchte Kinder haben oder mich für verlorene Schwangerschaften schuldig fühlen.

Epilepsie: Es kommt zu viel Energie in den Körper.

Erkältungen: Unentschlossenheit, man muss eine Entscheidungen treffen und tut dies nicht; sich selbst leidtun und die Aktivität verzögern wollen. Man ist überarbeitet und muss sich ausruhen.

Fett: Sie müssen sich vor unerwünschter Aufmerksamkeit schützen.

Füße: In neue Richtungen und Situationen bewegen.

Fuß-, Bein- oder Hüftschmerzen: Nicht in die richtige Richtung gehen oder sich zurückhalten, was man tun soll.

Fußpilz: Probleme beim „Heraustreten" in eine neue Richtung.

Fußprobleme: Widerstand gegen Bewegung in eine neue Richtung.

Gallensteine: Starrheit oder Verhärtung von Denkprozessen.

Gastritis: Unfähigkeit oder Unwillen, wütende Gefühle aufzulösen.

Gebärmutter: Das kreative Zentrum und die weibliche Kraftzone.

Geburtsfehler: karmisch; man entscheidet und plant die gesamte Blaupause des Körpers, bevor man in das physische Leben tritt.

Gehirn: Zentraler Computer oder „Sender und Empfänger" für Botschaften des Körpers.

Gehirnprobleme: Schwierigkeiten beim Empfangen von Botschaften; Widerstand gegen die Eingabe von Informationen.

Gelenke: Flexible Punkte im Körper, an denen sich die Knochen bewegen können.

Geschlechtskrankheit: Schamgefühl oder Schuldgefühl mit Sexualität; Vielleicht hast du in einem anderen Leben ein Zölibats¬-Gelübde abgelegt.

Geschwüre: Was „isst" dich? Erlaubst du anderen dich zu kontrollieren?

Gesicht: Wie man sich der Welt und anderen präsentiert

Gleichgewicht, Verlust von: Unentschlossen; ich bin mir nicht sicher, ob ich den nächsten Schritt machen soll.

Glaukom: Verweigerung einer Situation.

Hals: Ermöglicht dem Kopf, sich zu bewegen, um verschiedene Perspektiven zu erhalten.

Hämorrhoiden: Aufstehen, sich von seinem Hintern lösen und sich in Bewegung setzen.

Hände: Hände werden verwendet, um Dinge anzunehmen, zu halten und loszulassen; auch für Werkzeuge.

Harnwegsinfekte: Man muss eine toxische Situation aus seinem Leben entfernen.

Hautausschlag: Reizung in einer Situation; Der Ort des Ausschlags wird mehr Einblick in die Situation geben.

Hepatitis: Wütend auf eine toxische Situation.

Hernie: Einengung der Emotionen; Gefühl, dass man seine Gefühle nicht ausdrücken kann.

Herpes: Sich schämen oder der Sexualität schuldig fühlen.

Herzinfarkt: Gefühl von Druck durch Verantwortung; entkommen wollen.

Herzprobleme: Das Herz ist der Sitz der Emotionen, Probleme mit dem Liebesleben.

Hörstörungen: Unfähigkeit oder Weigerung zuzuhören oder zu akzeptieren, was gehört wird. Ich will nichts hören.

Hüfte: Gelenk, das es u. a. dem Bein ermöglicht, sich zu beugen und zu bewegen.

Hüftprobleme: Widerstand beim Bewegen in die gewünschte Richtung.

Impotenz: Das Opfer fühlen; Probleme mit der Männlichkeit; von einer Frau überwältigt. Zölibats-Gelübde in einem früheren Leben.

Infektion: Ärger über sich selbst. Der Ort der Infektion gibt Aufschluss darüber, worum es bei dieser Wut geht.

Influenza: sich verletzlich fühlen; ein Opfer; eine Pause brauchen.

Inkontinenz: Machtlos fühlen; Kontrollverlust.

Juckreiz: Lust, sich zu bewegen und „loszulegen".

Katarakte: Man möchte nicht sehen, was vor einem liegt. Angst vor der Zukunft.

Kehlkopfstörungen: Nicht die Wahrheit sagen oder sich damit zurückhalten. Angst davor, etwas zu sagen.

Kieferprobleme: Sie sprechen nicht ihre Wahrheit; Angst vor Zurückweisung; Angst, nicht gut genug zu sein.

Knie: Beugungspunkte der Beine; Lassen sie die Beine sich bewegen.

Knieprobleme: Widerstand, um sich in die gewünschte Richtung im Leben zu bewegen.

Knochen: Gerüst des Körpers.

Knöchelproblem: Sich nicht flexibel in eine neue Richtung bewegen.

Knochenprobleme: Schwierigkeiten mit seinen Plänen; sich bei Entscheidungen nicht sicher fühlen.

Koma: Totale Flucht aus einer Situation.

Kopfschmerzen: Druck / Stress in diesem Leben oder möglicherweise durch ein Trauma in der Vergangenheit.

Körpergeruch: Selbstverachtung; der Versuch, die Aufmerksamkeit anderer abzulehnen.

Krebs: Starker Hass und / oder Groll / Ärger gegen eine andere Person, aber nicht offen zum Ausdruck bringend; Wut wendet sich nach innen.

Krebsgeschwürwunden: Wütende Worte, die ausgedrückt werden möchten.

Kurzsichtigkeit: Angst vor der Zukunft.

Lähmung: Angst oder Unentschlossenheit mit ihrer Vorgehensweise. Der Ort der Lähmung gibt mehr Einblick in die Botschaft.

Laryngitis: Unfähigkeit oder Angst zu sprechen.

Leber: Filtert Giftstoffe aus dem Körper.

Leberprobleme: Man hat ein Problem mit einer toxischen Situation oder tatsächlichen Toxinen oder Giften in seinem Leben.

Leukämie: Der Wille das Leben verlassen zu wollen.

Lungenentzündung: Müde vom Leben; Verlust der Freude in seinem Leben.

Lungenerkrankungen (Asthma): Eingeschränkt fühlen, sich von Personen oder Situationen erstickt fühlen.

Lupus: Sich selbst angreifen; das Gefühl, bestraft werden zu müssen.

Lymphprobleme: Man fühlt sich angegriffen und man befindet sich im Opfermodus.

Magenprobleme: Man hält seine Emotionen fest und lässt sie nicht los; nicht in der Lage sein, etwas zu „ertragen" oder einige Wörter oder Gedanken zu „verdauen".

Magersucht: Man möchte verschwinden; nicht hier sein wollen.

Menstruationsbeschwerden: Widerstand gegen den Eintritt in die weibliche Kraft; nicht kreativ fühlen.

Migräne-Kopfschmerzen: Rückstände von Traumata aus früheren Leben.

Müdigkeit: Versuch, der gegenwärtigen Situation zu entkommen.

Mukoviszidose: Man fühlt sich nicht frei, sein Leben zu leben. sich eingeengt fühlen.

Multiple Sklerose: Ärger in der Kommunikation; Botschaften werden nicht empfangen.

Mundprobleme: Man spricht nicht seine Wahrheit; man muss sprechen.

Myom Tumore: Schuldgefühle oder Trauer wegen verlorener Schwangerschaften; großer Wunsch, Kinder zu haben.

Nackenprobleme: Starre oder mangelnde Flexibilität beim Betrachten von Dingen aus einem anderen Blickwinkel oder einer anderen Perspektive.

Nasenprobleme: Nicht bereit sein, eine Situation zu betrachten, die mir sehr nahe steht.

Nebenhöhlenprobleme: Druck wird von jemandem ausgeübt, derjenige ist man in der Regel selbst.

Nervenkrankheiten: Stress, Sorge; Überlastung des Eingangs im System.

Nesselsucht: Eine Irritation von innen nach außen; sich vor Sorge auffressen.

Nierenerkrankungen: Was versuchst du aus deinem Leben herauszuholen? Was vergiftet dein Leben?

Obere Rücken-, Nacken- und Schulterspannung: Man trägt die Probleme anderer Menschen und hat das Gefühl, die ganze Welt auf seinen Schultern zu haben.

Ödem: Emotionen festhalten. Emotionen nicht fließen lassen.

Ohren: Sinnesorgan zum Hören.

Ohrenprobleme: Schwierigkeiten mit der Hörhilfe von anderen oder von uns.

Parkinson-Krankheit: Der Versuch, die Menschen und Situationen um sich herum zu kontrollieren.

Prellungen: Nicht auf sich selbst achten.

Prostatastörungen (männlich): Gefühl von Verlust, Funktionsstörung oder Machtmissbrauch.

Rheumatoide Arthritis: Festhalten an etwas / jemandem; nicht loslassen.

Rückenprobleme: Eine schwere Last tragen und sich nicht gestützt fühlen.

Rutschunfall: Keine solide Grundlage; kein Bein haben, auf dem man stehen kann.

Schilddrüsenprobleme: Befürchtung, dass das, was man zu sagen hat, nicht wichtig ist.

Schlaflosigkeit: Angst, normalerweise aus Situationen, die in der Kindheit geschehen sind.

Schmerzen: Ein Versuch, deine Aufmerksamkeit zu erregen. (Der Ort des Schmerzes wird mehr Einblick in die Botschaft geben.)

Schüttelfrost: Der Wunsch, sich aus der sozialen Situation zurückzuziehen.

Schwellung: Seine Gefühle nicht loslassen; Der Ort wird mehr Einblick geben, worum es bei den Emotionen geht.

Schwindel: Nicht zentriert fühlen. Sich instabil oder unentschlossen fühlen.

Sexuelle Probleme: Nicht genug oder zu viel Sex, man könnte ein Gelübde des Zölibats in einem anderen Leben übernommen haben.

Skoliose: Nicht für sich selbst einstehen; schwammig sein in seinem Tun.

Sturzunfall: Sich unsicher fühlen; kein Bein haben, auf dem man stehen kann.

Sucht: Man muss seine Umgebung kontrollieren.

Taubheit: Weigerung zuzuhören. Was will man nicht hören?

Tinnitus: Nicht auf die Botschaften hören, auf seine innere Stimme. Kann auch ein Aufruf sein, die Frequenz zu erhöhen.

Übergewicht: Man schützt sich vor Verletzungen; man kann aber auch in einem früheren Leben gehungert haben oder verhungert sein.

Unfälle: Aufmerksamkeit für eine Botschaft suchen. (Die Art des Unfalls gibt Aufschluss über die Botschaft.)

Unterer / Mittlerer Rücken (Das Unterstützungssystem): Man fühlt sich nicht unterstützt.

Venenentzündung: Blockiert den Energiefluss des Lebens. (Der Ort des Gerinnsels gibt mehr Aufschluss darüber, welcher Bereich des Lebens betroffen ist.)

Verbrennungen: Eine dringende Botschaft, um Aufmerksamkeit zu bekommen. (Der Ort der Verbrennung gibt einen besseren Einblick in die Botschaft.)

Verdauungsstörungen: Was ist los, was bist du nicht in der Lage zu verdauen, „Magen"? Man fühlt sich mit etwas, was man sagen oder tun möchte, nicht wohl.

Verstopfung: Man hält an etwas fest.

Wahnsinn: Flucht aus der gegenwärtigen Realität; keine Verantwortung für sich selbst übernehmen.

Warzen: Sich hässlich fühlen; Gefühle von Selbsthass.

Wechseljahrprobleme: Das Gefühl, dass man seine persönliche Kraft verliert; sich nicht mehr kreativ fühlen.

Weibliche Probleme: Ich fühle mich nicht kreativ. Sich schikaniert fühlen. Schwierigkeiten mit seiner Weiblichkeit haben.

Weitsichtigkeit: Angst vor der Gegenwart.

Wirbelsäule: Die Unterstützung für den Körper; es hält den Körper hoch.

Wirbelsäulenkrümmung: Nicht für das stehen, was du glaubst; wischi-waschi sein.

Wundbrand: Der Wunsch, dieses Leben „Stück für Stück" zu verlassen.

Zahnfleischbluten: Man fühlt sich außer Kontrolle von dem, was man sagt.

Zahnprobleme: Angst oder Unfähigkeit, seine Wahrheit zu sagen.

Zysten: Wut, die Position gibt mehr Einblick darüber, worüber man wütend ist.

Julia Cannon

Julia erlernte den Beruf der Krankenschwester und arbeitete für die Dauer ihrer über 20-jährigen Karriere auf einer Intensivstation und in der häuslichen Pflege. Später beschloss sie, andere Aspekte ihres Heilberufs zu erkunden, und absolvierte eine Ausbildung in Reconnective Healing® und Dolores Cannons Quantum Heilung Hypnose Therapie (QHHT).

Ihre Energetische Heilung hat eine eigene Dimension angenommen und sich zu etwas geformt, das sie „Lichtsendung" nennt. Hierbei kommen intuitive Lichter von den Händen, um Energie dorthin zu leiten, wo sie benötigt wird, gleichzeitig werden etwaige Mängel im Körper ausgeglichen. Dieses Gleichgewicht kann auf der physischen, mentalen und / oder spirituellen Ebene stattfinden. Während sie im Energiefeld einer Person arbeitet, erhält sie intuitive Botschaften / Eingebungen von dem, was passiert und was benötigt wird, um der Person zu helfen, ihre Heilung herbeizuführen.

Wenn Julia Fernheilung leistet, wird sie geistig in den Körper geführt, um zu sehen, in welchen Zustand er sich befindet, sie erhält dann intuitiv Eingebungen, um die Situation für den Klienten zu verbessern. Dies war eine spontane Entwicklung, die sie in ihrer Arbeit immer wieder selbst in Erstaunen versetzte.

Other Books by Ozark Mountain Publishing, Inc.

Dolores Cannon
A Soul Remembers Hiroshima
Between Death and Life
Conversations with Nostradamus,
    Volume I, II, III
The Convoluted Universe -Book One,
    Two, Three, Four, Five
The Custodians
Five Lives Remembered
Jesus and the Essenes
Keepers of the Garden
Legacy from the Stars
The Legend of Starcrash
The Search for Hidden Sacred Knowledge
They Walked with Jesus
The Three Waves of Volunteers and the
    New Earth
Aron Abrahamsen
Holiday in Heaven
Out of the Archives – Earth Changes
James Ream Adams
Little Steps
Justine Alessi & M. E. McMillan
Rebirth of the Oracle
Kathryn/Patrick Andries
Naked in Public
Kathryn Andries
The Big Desire
Dream Doctor
Soul Choices: Six Paths to Find Your Life
    Purpose
Soul Choices: Six Paths to Fulfilling
    Relationships
Patrick Andries
Owners Manual for the Mind
Cat Baldwin
Divine Gifts of Healing
Dan Bird
Finding Your Way in the Spiritual Age
Waking Up in the Spiritual Age
Julia Cannon
Soul Speak – The Language of Your Body
Ronald Chapman
Seeing True
Albert Cheung
The Emperor's Stargate
Jack Churchward
Lifting the Veil on the Lost Continent of
    Mu
The Stone Tablets of Mu
Sherri Cortland

Guide Group Fridays
Raising Our Vibrations for the New Age
Spiritual Tool Box
Windows of Opportunity
Patrick De Haan
The Alien Handbook
Paulinne Delcour-Min
Spiritual Gold
Holly Ice
Divine Fire
Joanne DiMaggio
Edgar Cayce and the Unfulfilled Destiny
    of Thomas Jefferson Reborn
Anthony DeNino
The Power of Giving and Gratitude
Michael Dennis
Morning Coffee with God
God's Many Mansions
Carolyn Greer Daly
Opening to Fullness of Spirit
Anita Holmes
Twidders
Aaron Hoopes
Reconnecting to the Earth
Victoria Hunt
Kiss the Wind
Patricia Irvine
In Light and In Shade
Kevin Killen
Ghosts and Me
Diane Lewis
From Psychic to Soul
Donna Lynn
From Fear to Love
Maureen McGill
Baby It's You
Maureen McGill & Nola Davis
Live from the Other Side
Curt Melliger
Heaven Here on Earth
Henry Michaelson
And Jesus Said – A Conversation
Dennis Milner
Kosmos
Andy Myers
Not Your Average Angel Book
Guy Needler
Avoiding Karma
Beyond the Source – Book 1, Book 2
The Anne Dialogues

For more information about any of the above titles, soon to be released titles,
or other items in our catalog, write, phone or visit our website:
PO Box 754, Huntsville, AR 72740
479-738-2348/800-935-0045
www.ozarkmt.com

Other Books by Ozark Mountain Publishing, Inc.

The Curators
The History of God
The Origin Speaks
James Nussbaumer
And Then I Knew My Abundance
The Master of Everything
Mastering Your Own Spiritual Freedom
Living Your Dram, Not Someone Else's
Sherry O'Brian
Peaks and Valleys
Riet Okken
The Liberating Power of Emotions
Gabrielle Orr
Akashic Records: One True Love
Let Miracles Happen
Victor Parachin
Sit a Bit
Nikki Pattillo
A Spiritual Evolution
Children of the Stars
Rev. Grant H. Pealer
A Funny Thing Happened on the
  Way to Heaven
Worlds Beyond Death
Victoria Pendragon
Born Healers
Feng Shui from the Inside, Out
Sleep Magic
The Sleeping Phoenix
Being In A Body
Michael Perlin
Fantastic Adventures in Metaphysics
Walter Pullen
Evolution of the Spirit
Debra Rayburn
Let's Get Natural with Herbs
Charmian Redwood
A New Earth Rising
Coming Home to Lemuria
David Rivinus
Always Dreaming
Richard Rowe
Imagining the Unimaginable
Exploring the Divine Library
M. Don Schorn
Elder Gods of Antiquity
Legacy of the Elder Gods
Gardens of the Elder Gods
Reincarnation...Stepping Stones of Life
Garnet Schulhauser

Dance of Eternal Rapture
Dance of Heavenly Bliss
Dancing Forever with Spirit
Dancing on a Stamp
Manuella Stoerzer
Headless Chicken
Annie Stillwater Gray
Education of a Guardian Angel
The Dawn Book
Work of a Guardian Angel
Joys of a Guardian Angel
Blair Styra
Don't Change the Channel
Who Catharted
Natalie Sudman
Application of Impossible Things
L.R. Sumpter
Judy's Story
The Old is New
We Are the Creators
Artur Tradevosyan
Croton
Jim Thomas
Tales from the Trance
Jolene and Jason Tierney
A Quest of Transcendence
Nicholas Vesey
Living the Life-Force
Janie Wells
Embracing the Human Journey
Payment for Passage
Dennis Wheatley/ Maria Wheatley
The Essential Dowsing Guide
Maria Wheatley
Druidic Soul Star Astrology
Jacquelyn Wiersma
The Zodiac Recipe
Sherry Wilde
The Forgotten Promise
Lyn Willmoth
A Small Book of Comfort
Stuart Wilson & Joanna Prentis
Atlantis and the New Consciousness
Beyond Limitations
The Essenes -Children of the Light
The Magdalene Version
Power of the Magdalene
Robert Winterhalter
The Healing Christ

For more information about any of the above titles, soon to be released titles,
or other items in our catalog, write, phone or visit our website:
PO Box 754, Huntsville, AR 72740
479-738-2348/800-935-0045
www.ozarkmt.com

www.ingramcontent.com/pod-product-compliance
Lightning Source LLC
Chambersburg PA
CBHW052107090426

42741CB00009B/1704